Theresita M. Müller SMMP

Wenn alles stillsteht …

Schwester Theresita M. Müller SMMP

Wenn alles stillsteht …

Wege aus Schmerz und Trauer

BONIFATIUS

Bibliografische Information der Deutschen Nationalbibliothek:
Die Deutsche Nationalbibliothek verzeichnet diese Publikation in der Deutschen Nationalbibliografie; detaillierte bibliografische Daten sind im Internet über http://dnb.d-nb.de abrufbar.

Klimaneutrale Produktion.
Gedruckt auf umweltfreundlichem, chlorfrei gebleichtem Papier.

Umschlaggestaltung: Weiss Werkstatt München, *werkstattmuenchen.com*
Umschlagabbildung: © shutterstock_1979967338 | TWINS DESIGN STUDIO
Satz: Bonifatius GmbH, Paderborn
Druck und Bindung: CPI books GmbH, Leck
Printed in Germany

ISBN 978-3-89710-935-3
Weitere Informationen zum Verlag:
www.bonifatius-verlag.de

Inhalt

Einführung

Plötzlich, ohne Vorwarnung, oder als Endpunkt eines schweren Leidensweges dieses große, alles überschattende Schwarz. Alles Leben wie erloschen, am Tiefpunkt angekommen. Ein geliebter Mensch ist gestorben, aus seinem eigenen und aus unserem Leben gerissen, unwiderruflich fort, nichts wird mehr so sein, wie es war.

Mit dem Tod eines geliebten Menschen leben zu müssen, ist eine der größten Zumutungen des Lebens. Wie kann das Leben weitergehen, das doch stillzustehen scheint? Wie kann man sinnerfüllt weiterleben ohne diese Person, die einem so unendlich viel bedeutet?

Unser Leben steht still. Die Welt jedoch dreht sich weiter. Menschen arbeiten und feiern, lachen und streiten sich. Die Jahreszeiten wechseln, Blumen blühen und Vögel singen. Also geht das Leben weiter. Und wir müssen uns irgendwann entscheiden, ob wir weiter mitgehen wollen. Weil nicht wir es sind, die gestorben sind. Weil wir weiterleben. Wenn wir uns entscheiden, trotz allem Ja zu unserem Leben zu sagen, liegt ein langer, schmerzlicher Weg vor uns – unser ganz persönlicher Weg der Trauer. Wie auch immer die Trauerwege anderer aussehen, wir haben das Recht, unseren individuellen Weg der Trauer zu gehen.

Das Bonifatiuswerk der deutschen Katholiken hat eine Charta für Trauernde veröffentlicht, mit zehn Rechten für trauernde Menschen. Jedem dieser Rechte ist ein Kapitel dieses Buches gewidmet. Schritt für Schritt, Kapitel für Kapitel werden Wegstrecken auf dem Trauerweg angeschaut. Ein weiteres Kapitel bietet eine kleine Sammlung heilsamer, tröstender Worte und Gedanken für uns und Gebete für uns selbst und für Verstorbene.

Dieses Buch für Trauernde ist auch ein Buch der Gefährtenschaft. Es lässt Menschen zu Wort kommen, die den schweren Weg der Trauer gegangen sind oder noch gehen, und die andere durch das, was sie erzählen, ein Stück weit begleiten wollen auf diesem Weg. Zu jedem der zehn Rechte teilen einzelne ihre Erfahrungen.

Es erzählen:

Agnes, deren Tochter psychisch erkrankt ist und sich mit 26 Jahren suizidiert.

Angelika, die ihren vierjährigen Sohn und zehn Jahre später ihren Mann durch bösartige Tumore verliert.

Annette, deren Sohn mit 20 Jahren durch die Fahrlässigkeit eines andern stirbt.

Anni, deren Schwester mit 66 Jahren völlig unerwartet stirbt, und ihre Nichte Anne, die Tochter der verstorbenen Schwester.

Antonia, deren Mann mit 60 Jahren von einem LKW-Fahrer überfahren wird, und ihr Schwager Friedhelm, der durch diesen Verkehrsunfall seinen Bruder und Freund verliert.

Bettina, deren geschiedener Mann unerwartet stirbt und viel Unversöhntes zurücklässt.

Bea, deren Mann sich mit 56 Jahren das Leben nimmt.

Christel, deren Mann mit 49 Jahren an Krebs stirbt.

Christine H., deren Sohn mit 39 Jahren durch einen Unfall stirbt.

Christine M., deren Mann mit 47 Jahren an einem Herzinfarkt stirbt.

Elisabeth, deren Sohn mit 19 Suizid begeht.

Margret, deren zwanzigjährige Tochter durch einen Verkehrsunfall ums Leben kommt.

Eva, deren Mann mit 64 Jahren nach schwerer Krankheit stirbt.

Eva-Maria, deren Mann mit 49 Jahren stirbt, und deren Sohn mit 41 Jahren Suizid begeht.

Hanna, deren Vater mit 63 Jahren an Krebs stirbt.

Hilde, die ihren Mann nach 58 Ehejahren durch Krankheit verliert.

Margit, die am Sterbebett ihrer Tante wacht.

Norbert, der seine Frau im Sterbeprozess begleitet.

Regina, ihr Mann Karl und ihr Bruder Karl-Heinz, die über den Tod des Vaters nicht weinen können.

Susanne, die ihren Mann nach schwerer Gehirnblutung bis zu seinem Tod begleitet.

Ulrike, deren Tochter mit 21 Jahren an Krebs stirbt.

Véronique, deren Sohn mit 16 Jahren ermordet wird.

Die Charta für Trauernde und die Erzählungen trauernder Frauen und Männer wollen Menschen, die den Verlust eines geliebten Menschen erleben mussten, Mut machen, ihre Trauer zuzulassen, ihren unendlichen Schmerz auszudrücken und zu vertrauen, dass das Leben weitergeht und sie irgendwann neu ihren Platz im Leben finden werden.

Charta für Trauernde

1. Sie haben das Recht, auf Ihre Art zu trauern. Jeder und Jede trauert anders, es gibt keine richtige oder falsche Art zu trauern.

2. Sie haben das Recht auf die Länge der Trauerzeit, die Sie brauchen.

3. Sie haben das Recht auf Ihre Gefühle wie Schmerz, Wut, Verzweiflung, Einsamkeit, Erstarrung, Ohnmacht, Scham, Schuldgefühle, Sprachlosigkeit, Aggressivität, aber auch Liebe und Sehnsucht.

4. Sie haben das Recht, sich schwach oder krank zu fühlen. Denn Trauer beschränkt sich nicht auf die Seele, sie erfasst den ganzen Menschen mit Körper, Seele und Geist.

5. Sie haben das Recht, sich trösten zu lassen. Mitfühlende Menschen und Rituale können die Zeit der Trauer unterstützend begleiten.

6. Sie haben das Recht, Hilfe in Anspruch zu nehmen. Jeder Trauernde und jede Trauernde benötigt Menschen, die ihm oder ihr zur Seite stehen: Verwandte, Freunde, Nachbarn. Manchmal braucht es auch fachliche Unterstützung wie Trauerbegleiter oder therapeutische Hilfe.

7. Sie haben das Recht, weiterhin am Leben teilzuhaben, zu essen, zu trinken, zu schlafen, sich mit Freunden zu treffen, zu lachen, zu feiern.

8. Sie haben das Recht auf Auszeiten. Im Trauerprozess ist es wichtig und gut, sich selbst etwas zu gönnen.

9. Sie haben das Recht, den Verstorbenen oder die Verstorbene in Erinnerung zu behalten, Ihre Bindung an ihn oder sie aufrecht zu erhalten und ihm oder ihr einen neuen Platz in Ihrem Leben zu geben.

10. Sie haben das Recht zu vertrauen, dass der Verstorbene oder die Verstorbene nicht ins Leere gefallen ist, sondern in Gottes Ewigkeit geborgen ist.

Kapitel 1

Sie haben das Recht, auf Ihre Art zu trauern.
Jeder und jede trauert anders,
es gibt keine richtige oder falsche Art zu trauern.

„Anders, als wir meinen, ist Trauer nicht die ‚Krankheit', sondern das Medikament, das hilft, Verlusterfahrungen zu integrieren und trotz der Wunden weiterzuleben."[1]

Trauer gehört zu unserem Leben, weil Verluste und Abschiede zu unserem Leben gehören. Sie ist ein normaler und notwendiger Prozess. Denn sie hilft, Abschied zu nehmen von dem, was wir verloren haben. Jeder Mensch geht einen Weg der Trauer, wenn er eine geliebte Person verliert oder etwas, an dem er mit ganzem Herzen hängt. Und jede und jeder hat das Recht und die Notwendigkeit zu trauern – wie sie oder er es braucht und so lange, wie es nötig ist. Trauer hilft, langsam zu akzeptieren, dass der geliebte Mensch nicht mehr bei uns ist. Sie hilft, ihm einen neuen, anderen Platz in unserem Leben zu geben. Und sie hilft auch uns, den eigenen Platz im Leben neu zu finden.

Trauer ist nicht gleich Trauer. Im Folgenden geht es um die Trauer nach dem Tod eines geliebten Menschen. Die Frauen und Männer, die zu Wort kommen, erzählen vom Tod junger und alter Menschen, vom Tod durch Krankheit, Verkehrsunfall, Suizid und Mord.

Was hier aus Platzgründen nicht zur Sprache kommen kann, ist die Trauer um den Tod eines Kindes, das vor, während oder gleich nach der Geburt stirbt – häufig „Sternenkind“ oder „Schmetterlingskind“ genannt –, und die Trauer von Kindern, die einen nahen Menschen verlieren. Auch Kinder trauern tief. Ihr Umgang mit Trauer ist jedoch anders als der Umgang Erwachsener mit ihrer Trauer.

Ein weiteres Feld ist die Trauer um einen schweren Verlust. Vor allem um den Verlust eines Körperteils durch Krankheit oder Unfall. Auch solch ein Verlust bedarf oder bedürfte der Trauerarbeit.

Weitgehend unbeachtet ist die Trauer von Schwerkranken mit der Diagnose „unheilbar krank“. Sie müssen Abschied nehmen von allen und allem, was ihnen lieb ist, und um den Verlust ihres eigenen Lebens trauern.

Weiterhin trauern zahllose Menschen um den Verlust der Heimat, des Partners oder der Partnerin durch Trennung oder Scheidung, den Verlust einer geschätzten Arbeitsstelle, eines geliebten Haustieres, ihres Hab und Guts durch eine Naturkatastrophe …

Jede und jeder darf sein, wie sie oder er ist, weil jede und jeder ein Individuum ist, einmalig und kostbar. Das bedeutet bei aktuell gut 7,9 Milliarden Menschen auf unserer Erde 7,9 Milliarden Arten zu trauern. Welche Erleichterung zu wissen, dass wir sein dürfen, wie wir sind, und nicht so sein müssen, wie andere es von uns erwarten. Wie tröstlich zu wissen, dass wir so trauern dürfen, wie wir es brauchen, und uns auch so freuen dürfen, wie wir wollen.

Sigmund Freud hat den Begriff „Trauerarbeit“ geprägt. Er zeigt mit diesem Begriff, dass Trauer nicht ein Schicksal ist, dem wir macht- und tatenlos ausgeliefert sind. Wir sollen und dürfen aktiv werden, uns mit dem Tod des geliebten Menschen auseinandersetzen und lernen, mit der neuen Realität zu leben. Das ist allerdings sehr häufig Schwerstarbeit.

Margret erfährt nachts durch die Polizei, dass ein tödlicher Verkehrsunfall ihre 20-jährige Tochter Evelyn aus dem Leben gerissen hat. *„Es war schrecklich. In den Tagen bis zur Beerdigung dachte ich: ‚Wir brauchen das Grab nicht zuzuschaufeln, mein Mann geht hinterher.' Er konnte zunächst nicht in der Schule unterrichten. Als er nach zwei Wochen seinen Unterricht wieder aufnahm, erzählte er oft, wenn er nach Hause kam, er habe im Auto geweint oder geschrien, dort höre ihn ja niemand. Ich selbst hatte eigentlich keine Zeit, mich meiner Trauer zu überlassen. Ich musste stark sein aus Angst um meine Männer. Unser Sohn war 17. Er dachte, er werde niemals heiraten können. Er und mein Mann litten fürchterlich.*
Als mein Mann seine Arbeit wiederaufgenommen hatte, begann ich zu lesen. Ich las alles, was ich finden konnte zum Thema Tod. Ich wollte wissen, was mit meiner Tochter ist, wo sie ist und wie es ihr jetzt geht. Mit dem Lesen habe ich meine Trauer verarbeitet. In unseren Sommerurlauben habe ich meinem Mann aus einigen der Bücher vorgelesen, das hat auch ihm gutgetan. Nachdem ich Dutzende von Büchern gelesen hatte, glaubte ich zu wissen, wo sie ist und dass es ihr gut geht, besser, als es ihr hier auf der Erde gehen könnte."

Trauerarbeit

Trauerarbeit heißt:

Ich akzeptiere, dass der geliebte Mensch tot ist.

Ich lasse zu, dass es mir schlecht geht und dass ich den Schmerz in seinem ganzen Ausmaß empfinde.

Ich lasse Erinnerungen kommen und meine Tränen fließen.

Ich vertraue darauf, dass ich den Schmerz aushalten kann, auch wenn er unendlich weh tut.

Ich bin dankbar für das, was der geliebte Mensch mir geschenkt hat und für alles, was ich jetzt an Hilfe und Zuwendung erfahre.

Ich gebe dem geliebten Verstorbenen einen neuen Platz in meinem Leben.

Ich lasse zu, dass das Leben für mich weitergeht und ich wieder Freude und Lust empfinden darf.

Trauer braucht Zeit. Sie braucht Ausdruck, sie muss sich ausdrücken können im Erzählen, Malen, Tanzen, Singen, Werken. Sie braucht Struktur, die Halt und Orientierung gibt. Sie braucht die Gemeinschaft mit Menschen, die zuhören und die Erinnerung an den Verstorbenen oder die Verstorbene begleiten, indem sie immer wieder einladen, sich an den geliebten Menschen mit seinen Sonnen- und Schattenseiten zu erinnern. Sie braucht Erlaubnis, weil Trauer gelebt und durchschritten werden will.

Die je eigene Art zu trauern

„Solange der Sarg in der Friedhofshalle noch offen aufgebahrt war, verspürte ich das tägliche Verlangen, Nina zu sehen, zu berühren, zu küssen, mit ihr zu reden. Es war ein langer Abschied von ihrem ‚toten Körper'. Für mich etwas ‚Schönes', etwas Besonderes", erzählt Ulrike, deren Tochter mit knapp 21 Jahren den Kampf gegen ihre Krebserkrankung verloren hat.

Christel arbeitet als Gemeindereferentin in der katholischen Kirche. Ihr Mann erhält mit 49 eine Krebsdiagnose und stirbt vier Monate später. *„Am letzten Abend leuchtete Clemens' Gesicht wie von einem inneren Licht. Er konnte nicht mehr sprechen. Als er nach oben zeigte, fragte ich ihn: ‚Ist Oma da?' Er nickte. Er hatte immer ein sehr inniges Verhältnis zu seiner Oma gehabt. Morgens um 6.00 Uhr läuteten die Glocken der gegenüberliegenden Kirche. Mein Sohn öffnete das Fenster und sagte ‚Hört mal, das Angelusläuten.*[2] *Das ist doch Papas Gebet.' Wir begannen den Angelus zu beten, und während wir beteten, starb mein Mann. Meine Kinder und ich waren froh, dass Papa es geschafft hatte. Wir waren nicht traurig. Bei Clemens' Beerdigung trugen alle Weiß, es war ein heißer Augusttag. Der Friedhof war ein Meer in Weiß, wunderschön. Danach aber zogen sich viele von mir zurück, weil ich froh war und lachte, anstatt in Trauer zu versinken. Sie verstanden es nicht.*

Erst zwei, drei Wochen später habe ich die Trauer und den starken Verlust gespürt. Ich erinnere mich daran, irgendwann vor einem Abgrund gestanden zu haben. Ich hatte das Emp-

finden, nicht mehr weiterzukönnen. Aber als mir dieser Abgrund bewusst wurde, habe ich mich für das Leben entschieden – ich wollte weiterleben.
Noch lange nach Clemens' Tod sagten die Kinder immer, wenn die Sonne schien, ‚Schau, ein Gruß von Papa'."

Jeder Mensch trauert anders. Es gibt keine richtige oder falsche Art zu trauern. Diese Erkenntnis birgt zugleich Trost und Konfliktpotenzial. Tröstlich ist, dass ich ein Recht habe, so zu trauern, wie ich es brauche. Ich darf viel und laut weinen, ich darf meine Enttäuschung und meine Wut ausdrücken, ich darf mich zurückziehen und mich ungesehen von anderen meinem Schmerz hingeben.

Risiken in der Trauerzeit

Diese je eigene Art zu trauern kann in einer Familie allerdings auch zu einer großen Belastung werden. Wenn Vater und Mutter z. B. sehr unterschiedlich den Verlust eines Kindes betrauern, kann die Gefahr entstehen, dass der eine dem anderen vorwirft, nicht genug zu trauern oder zu lange zu trauern oder einfach nur ganz anders zu trauern als er selbst. Aber gerade in solch einem extremen Schmerz wie dem Tod eines Kindes ist es von größter Wichtigkeit, zusammenzustehen und den herzzerreißenden Schmerz in seinen unterschiedlichen Erscheinungsformen miteinander zu teilen. Anders kann es wohl nicht gelingen, dass irgendwann wieder so etwas wie ein normales Familienleben möglich sein wird.

Elisabeths ältester Sohn begeht mit 19 Jahren Suizid. *„Unsere ganze Familie hat fest zusammengehalten und erinnert sich bis heute an die positive Unterstützung durch andere. Wir haben allerdings auch Familien kennengelernt, die durch ein solches Schicksal auseinandergebrochen sind. Wir haben auf dem Friedhof ein Ehepaar kennengelernt, dessen 15-jährige Tochter sich das Leben genommen hat. Der Mann machte seiner Frau ständig Vorwürfe, sie trage eine Mitschuld am Tod der Tochter. Diese Ehe ist zerbrochen. Wir wissen auch von Menschen, die über den Suizid ihres psychisch kranken Kindes selbst psychisch erkrankt sind."*

Zu einem Risiko wird die Trauer, wenn mein Leiden über einen sehr langen Zeitraum (länger als ein bis zwei Jahre) zu einer Fessel wird, die mich weder atmen, noch handeln lässt.

Risiken im Trauerprozess können z. B. sein:

Ich lasse meinen Schmerz mit all seinen Gefühlen nicht zu, weil ich für meine Familie, für meine Kinder, für andere stark sein muss.

Ich habe kein Interesse mehr, auf die Bedürfnisse meines Körpers zu achten, zu essen und zu trinken, mich schön zu machen.

Ich fühle mich besser und spüre den Schmerz weniger stark, wenn ich Beruhigungstabletten nehme oder regelmäßig ein, zwei Gläschen trinke.

Ich kann mir nicht viel Zeit zum Trauern nehmen, weil ich für meine Familie sorgen muss.

Ich schäme mich, andere um Hilfe zu bitten und bleibe mit meinem Schmerz lieber allein.

Ich will nicht mehr an den Verstorbenen denken, es tut einfach zu weh.
Ich kann nicht mehr an einen liebenden Gott glauben. Denn wenn Gott mich lieben würde, könnte er mir diesen Verlust nicht antun.

All diese und ähnliche Verhaltensweisen sind verständlich, helfen aber nicht, den Weg aus der Trauer heraus zu finden. Im Gegenteil, sie hindern daran, das Leben wieder Stück für Stück selbst zu gestalten und irgendwann wieder Freude am Leben zu finden.

Wenn Trauernde nach mehr als sechs Monaten immer noch ihr Leben als sinnlos erfahren, ohne den Verstorbenen nicht weiterleben wollen, sich intensiv und schmerzvoll nach ihm sehnen und keine Kraft haben, am Leben teilzunehmen, spricht man von komplizierter oder pathologischer Trauer, die Hilfe von außen braucht.

Sich der Trauer stellen

Vor einigen Jahren wurde der Sohn der Sängerin und Schauspielerin Véronique Elling von einem Unbekannten in Hamburg ermordet. Der „Alstermord" machte deutschlandweit Schlagzeilen. Véronique sagt: *„Als mein Sohn Victor im Alter von 16 Jahren ermordet wurde, war da zunächst der Schock. Dann diese tiefe Trauer, in der kein Platz war für Wut, es gab nur den Schmerz und die Liebe. In meiner Schauspielausbildung habe ich gelernt, dass man sich von Emotionen nicht umhauen lassen darf, sondern auf ihnen surfen muss wie auf einer Welle. Ich muss die Welle annehmen,* *um nicht zu ertrinken. Ich kann lernen, Emotionen willkommen zu heißen, auch negative Emotionen. Wenn der Schmerz so stark war, dass er mich zu überrollen drohte, habe ich mich daran erinnert, dass es die Liebe ist, die den Schmerz so groß sein lässt. Das hat mir die Kraft gegeben, ihn auszuhalten."*

Welch eine innere Stärke, welch ein Mut, sich der Trauer zu stellen, besonders, wenn ich sie in einem ausgeprägten Maß erlebe. Gerade dann braucht es Mut, meine Trauer als etwas zu akzeptieren, das zu mir gehört. Es braucht innere Stärke, mich mit meiner Trauer zu versöhnen, besonders dann, wenn ich es gewohnt bin, stark sein zu wollen. Unterdrückter Schmerz hat keinen Raum zu heilen. So wie eine Wunde heilen muss, indem sie neues Gewebe bildet und vernarbt, muss auch die Wunde unseres Schmerzes die Möglichkeit haben zu heilen. Dem Schmerz ins Auge zu sehen, sich ihm zu stellen und die Gefühle, die mit ihm verbunden sind, zuzulassen und auszudrücken, hilft, dass die verwundete Seele heilen kann.

Wir können lernen, uns bewusst zu machen, dass wir uns allem stellen können, was geschieht. Dazu gehört auch, uns dem Wissen zu stellen, dass alles vergänglich ist, alles, was wir lieben und woran unser Herz hängt – und dass auch wir selbst vergänglich sind, weil auch unser Weg auf dieser Erde eines Tages enden wird.

Christine M. erzählt vom Tod ihres Ehemanns:
„Mein Mann war 47 Jahre, als er plötzlich einen tödlichen Herzinfarkt bekam. An diesem Tag zerbrach mein Leben. Beim Trauergespräch forderte mich unsere Pfarrerin auf, einen Bibelspruch herauszusuchen, der als Thema über dem Trauergottesdienst stehen sollte. Von dieser Aufgabe völlig

überfordert, bat ich meine Freundin um Hilfe. Meine Freundin, sehr christlich geprägt, machte mir mehrere Vorschläge. Ohne lange überlegen zu müssen, fiel meine Wahl auf: ‚Es wird nicht dunkel bleiben über denen, die in Angst sind.' Luther-Bibel Jesaja 9,1. Dieser Spruch war für mich die Erlaubnis, dass es mir schlecht gehen darf. Aber auch die absolute und große Zuversicht, dass es nicht so bleiben wird. Dieser Spruch war mein Strohhalm, an dem ich mich festhielt, wenn ich zu ertrinken drohte. Nichts anderes hat mich so sehr getröstet und mir Hoffnung gegeben wie diese Worte. Jeden Tag neu habe ich Stärke daraus geschöpft und Kraft gefunden, weiterzumachen.

Mein Leben lag in Scherben vor mir, ich war verzweifelt, wusste vor Schmerz und Tränen nicht mehr ein und aus – aber ich wusste auch, dass es nicht dunkel bleiben wird! Mit dieser Zuversicht bin ich durch die tiefsten Trauertäler gegangen, habe Schmerz, Sehnsucht und Verzweiflung ausgehalten. Auch jetzt noch, fast zweieinhalb Jahre später, denke ich bei allen Tränen und in jedem Trauertal an ‚meinen' Bibelspruch. Er begleitet mich noch immer.“

Bea verliert ihren Ehemann durch Suizid. *„Mein Mann Günter hat sich das Leben genommen. Er wurde 56 Jahre alt. In einem wochenlangen Sterben löste sich ein kluger, dem Leben zugewandter Mensch auf. Er verlor den Zugang zu seinem Ich und hatte offenbar nur noch die allerletzte Kraft, seiner Seele hinterherzuspringen, im Bahnhof einer Kleinstadt am Rhein.*

Ich beschäftigte mich in jenen Wochen vor seinem Tod mit Johann Sebastian Bachs ‚Notenbüchlein für Anna Magda-

lena Bach' und fühlte mich mehr und mehr hingezogen zu der Arie ,Schlummert ein, ihr matten Augen' aus der Kantate ,Ich habe genug'. Wahrscheinlich übertrug ich Rezitativ und Arie auf die damalige Situation und wollte meiner Angst und Ohnmacht etwas entgegensetzen, das Halt und Ruhe sicherte. Aber Halt und Ruhe gab es nicht, nicht vor dem Tod und auch danach nicht. Dennoch band ich meinen Schmerz an jene Musik, und mit der Zeit erwuchs aus dem Hören eine Antwort auf ein Geschehen, das ich nur mit einer anderen Sprache erfassen konnte. ,Welt, ich bleibe nicht mehr hier, hab ich doch kein Teil an dir, das der Seele könnte taugen.' Der Welt entbunden und nicht mehr Teil von ihr, wird der eigene Körper zum Gefängnis und ruft nach Hilfe: ,Ach, möchte mich von meines Leibes Ketten der Herr erretten.'"

Schmerz – Leiden

Aus der buddhistischen Tradition können wir lernen, dass es einen Unterschied gibt zwischen Schmerz und Leiden. Nach der Lehre Buddhas (Siddharta Gautama Buddha, 563-483 v. Chr.) entsteht Leiden durch Wünsche, Erwartungen, Verlangen, die nicht erfüllt werden. Das Leiden wird überwunden durch das Loslassen der Wünsche und des Verlangens. Natürlich haben wir Wünsche und Erwartungen, das ist auch gut so. Aber wenn wir immer mehr lernen, zwar Wünsche zu haben, uns aber nicht an ihnen festzuklammern und unser Glück von der Erfüllung dieser Wünsche abhängig zu machen, gelingt es uns immer besser, gelassen mit den Wünschen umzugehen und sie hinter uns zu lassen, wenn sie sich nicht erfüllen. Wir leiden dann nicht mehr daran, dass unsere Erwartungen enttäuscht werden.

Im Prozess der Trauer gibt es diesen Unterschied zwischen Schmerz und Leiden: Der Schmerz akzeptiert das, was geschehen ist. Er akzeptiert die große Leere, die der Verlust des geliebten Menschen verursacht. Er lässt Gefühle zu, die mich überschwemmen und niederdrücken. Der Schmerz stellt keine Fragen nach dem Warum und Wozu, weil er weiß, dass es keine Antworten gibt.

Das Leiden dagegen klammert sich an das, was verloren ist und kann es nicht loslassen. Es richtet sich ein in seinem Schmerz, weil es nicht aufhören will, um das Verlorene zu weinen – aus Angst, es dann für immer zu verlieren.

> *„Ich denke, es ist nicht gut, sich zu sagen, dass der Schmerz aufhören muss. Ich glaube, ich muss den Schmerz in mein Herz und in mein Leben integrieren, weil er ein Ausdruck dafür ist, dass die Liebe weiterhin existiert. Wahre, tief empfundene Liebe geht nicht vorbei, sie besteht für immer“*, ist Véronique Elling überzeugt.

Der Schmerz nimmt irgendwann ab, er wird im Laufe der Zeit erträglich, das Leiden aber endet vielleicht niemals. Wenn ein trauernder Mensch keinen Ausweg aus seinem Leiden findet, kann dies zur Depression führen.

> *„Der Schmerz ist noch da, aber wir haben uns arrangiert, damit zu leben“*, sagt Elisabeth 25 Jahre nach dem Suizid ihres Sohnes.

Trauer ohne Tränen

Wenn wir sagen, dass es keine falsche Art zu trauern gibt, heißt das auch, dass wir uns nicht zu schämen brauchen, wenn wir beim Tod eines Angehörigen keine Trauer empfinden oder wenn wir nicht weinen können. Auch der Gedanke oder das schlechte Gewissen, keine Trauer zu empfinden und doch eigentlich weinen zu sollen, ist eine Beschäftigung mit dem erlittenen Verlust und eine individuelle Art des Trauerns, eben die Art, die jetzt für die betreffende Person richtig ist. Es sagt nichts über die Tiefe der Trauer aus, ob jemand weint oder nicht.

> Anlässlich eines Treffens unterhalten sich Regina, ihr Mann Karl und ihr Bruder Karl-Heinz über den Tod des Vaters bzw. Schwiegervaters Peter.
> Karl erinnert sich: *„Peter hat beim Tod seiner Frau nicht sichtbar getrauert, aber in den vier Jahren bis zu seinem eigenen Sterben hat er sichtbar abgebaut. Es wäre ihm wahrscheinlich besser gegangen, wenn er über den Verlust und seine Gefühle hätte sprechen können.“*
> Karl-Heinz: *„Ja, wie unser Vater kann auch ich nicht richtig trauern. Ich habe grundsätzlich Schwierigkeiten, meine Gefühle zu zeigen oder mich tief auf meine Gefühle einzulassen. Ich weine eigentlich nie, auch nicht bei Mamas und Papas Tod.“*
> Karl: *„Bei der Beerdigung meines Vaters hat mir die Musik geholfen. Als ein bestimmtes Lied gespielt wurde, kamen mir die Tränen, vorher nicht. Ich glaube, es ist wichtig, berührbar zu sein. Wenn man zu hart ist, kann man leicht zerbrechen.“*

Regina: „*Ich hatte mich damals für unsere Mutter gefreut, als sie sterben konnte, weil sie so gelitten hat. Bei unserem Vater war ich dankbar, dass ihm ein weiteres Leiden erspart geblieben ist, da die Ärzte gesagt hatten, dass er nicht wieder gesund werden kann. Das hat meine Trauer ‚gemildert'. Nichtsdestotrotz denke ich heute, nach so vielen Jahren, noch oft an die beiden.*“

Wer sich generell schwer tut, sich auf seine Gefühle einzulassen und sie zu zeigen, findet möglicherweise in Musik oder heilsamen Ritualen Hilfe, seine Tränen fließen zu lassen (vgl. Kapitel 5).

Der Tod meines geliebten Menschen hat mich zu einem Tiefpunkt meines Lebens geführt. Von diesem Tiefpunkt aus aufzubrechen, gelingt, wenn ich meine Trauer zulasse und mich bewusst auf sie einlasse. Wenn ich meinen eigenen Weg der Trauer gehe und ihn so gehe, wie es für mich richtig ist.

Kapitel 2

*Sie haben das Recht auf die Länge der Trauerzeit,
die Sie brauchen.*

Jede und jeder trauert anderes. Und jede und jeder soll trauern dürfen, solange sie oder er es braucht. Es gibt keine verbindliche Dauer der Trauer und keinen für alle Trauernden festgelegten Ablauf. Wohl aber gibt es Modelle oder Verstehenshilfen, wie ein Trauerweg verlaufen kann. Trauerforscher und Trauerbegleiter haben durch ihre Arbeit mit trauernden Menschen Bilder entwickelt, die Trauernden helfen können, ihren persönlichen Weg durch die Trauer und ihre Gefühle und Reaktionen ein wenig besser zu verstehen.

Im Alter von vier Jahren verliert Antonia ihre Mutter, an die sie kaum Erinnerungen hat. Als 5-Jährige erlebt sie, wie ihr Opa im Stall zusammenbricht. Sie ruft Hilfe herbei, gemeinsam bringen sie den alten Mann in sein Zimmer, wo er stirbt. Mit 50 beginnt die gelernte Krankenschwester und Sozialarbeiterin mit der Betreuung von Krebs-Sportgruppen und beschäftigt sich mit Elisabeth Kübler-Ross. *„Das Thema Sterben und Tod hat mich schon mein Leben lang begleitet. Ich bin überzeugt, dass jeder Mensch seine festgesetzte Stunde hat. Wenn die Kerze heruntergebrannt ist, ist* *unser Leben hier zu Ende und wir gehen in ein neues, sehr viel schöneres Leben mit Gott."*

Am 2. Oktober 2008 stirbt ihr Mann Josef bei einer gemeinsamen Motorradfahrt auf Fuerteventura, wo die Familie eine Ferienwohnung besitzt. Antonia ist 59, Josef 60 Jahre alt. Ein LKW-Fahrer hat das Paar auf dem Motorrad übersehen. Ihr Mann ist sofort tot, Antonia überlebt schwer verletzt. Auf dem Weg ins Krankenhaus fragt sie nach ihrem Mann. Ein Sanitäter antwortet ihr, dass ihr Mann den Unfall nicht überlebt habe. Sie wiederholt für sich immer wieder „Josef ist tot." Und spürt keinerlei emotionale Regung. Erst in der zweiten Nacht nach dem Unfall bricht das eiserne Band um ihren Brustkorb und sie weint tagelang.

Sobald sie transportfähig ist, wird sie gemeinsam mit ihrem Mann nach Deutschland ausgeflogen. Im Rollstuhl nimmt sie an der Beerdigung teil. *„Mein Mann ist 14 Tage nach dem Unfall beerdigt worden. Als leidenschaftlicher Sportflieger und Motorradfahrer hatte er immer einen guten Schutzengel. Bei der Beerdigung hat der Pfarrer gesagt ‚Josef ist am Schutzengelfest gestorben. Sein Schutzengel hat ihn direkt zu Gott hingeführt.' Das hat mir viel Kraft gegeben."*

Vom Friedhof aus wird sie ins Krankenhaus gefahren zur Operation. *„Diese Wochen im Krankenhaus waren ein Geschenk. Ich brauchte nicht in mein nun leeres Haus zurückzukehren. Ich hatte Ruhe, und ich hatte Zeit, mich meinem Schmerz zu überlassen. Außer meinen drei Kindern wollte ich keinen Besuch. Am 10. Dezember, also neun Wochen nach dem schrecklichen Geschehen, bin ich nach Hause gekommen. Die Trauerarbeit war im Großen und Ganzen abgeschlossen. Ich konnte meine Arbeit wiederaufnehmen. Es* *hat allerdings drei Jahre gedauert, bis ich wieder an größeren Feiern teilnehmen konnte. Und bis heute bricht manchmal ein heftiges Schluchzen aus mir heraus. Es kommt ganz unerwartet, und ich kann nichts dagegen tun. Gott sei Dank hat meine Umgebung Verständnis für mich und lässt mich in solchen Augenblicken in Ruhe."*

Das Loch, in das ich fiel, wurde zur Quelle, aus der ich lebe

Die Psychologin Ruthmarijke Smeding versteht den Verlauf der Trauer und die Begleitung Trauernder als „Gezeiten der Trauer". Sie nennt drei Gezeiten, die sich spiralförmig entwickeln: Die Janus-Zeit mit ihrer Schleusen-Zeit, die Labyrinth-Zeit und die Regenbogen-Zeit. Wie die Gezeiten des Meeres kommen die Gezeiten der Trauer wieder, jedoch nicht regelmäßig und vorhersehbar, sie können bis auf die Schleusen-Zeit mehrmals wiederkehren. Auch folgen die Gezeiten nicht hintereinander. Schon während der Beerdigung können die Angehörigen lachen im Erinnern der lustigen Seiten des Verstorbenen (Regenbogen-Zeit) und gleich darauf weinen, dass sie im Angesicht seines Todes lachen (Janus-Zeit).

Die Janus-Zeit am Anfang der Trauerzeit ist benannt nach dem doppelgesichtigen römischen Gott Janus, der mit einem Gesicht nach vorn, mit dem anderen nach hinten schaut. (Der Monat Januar ist nach ihm benannt.) Es ist eine Zeit der Zerrissenheit, in der Trauernde in die Vergangenheit schauen und sich schmerzlich nach dem Verstorbenen oder der Verstorbenen sehnen, gleichzeitig aber wissen, dass sie nach vorn schauen und weiter „funktionieren“ müssen. In dieser Zeit können die gewohnten Alltagsstrukturen ein Gerüst bieten, das Halt gibt.

Zu Beginn der Janus-Zeit steht die *Schleusen-Zeit*, die Zeit zwischen dem Eintritt des Todes und der Bestattung. Trauernde fühlen sich wie in einer Schleuse, in der sich das Tor zwischen ihnen und dem Verstorbenen geschlossen, sich aber noch kein neues Tor geöffnet hat. Die Ehefrau wird zur Witwe, das Kind zum Waisen, der Partner zum Witwer. Es ist die Zeit, sich bewusst zu machen, dass der geliebte Mensch wirklich und unwiederbringlich von uns gegangen ist. Es ist die Zeit des Abschiednehmens, weil der Leichnam des Verstorbenen noch sichtbar und berührbar da ist. Alles, was in den Tagen der Schleusen-Zeit geschieht, kann Auswirkung auf den Trauerweg haben, das gilt vor allem für das Abschiednehmen, das Einbinden der Familie, das Aussprechen von Dingen, die noch gesagt sein wollen …

Die *Labyrinth-Zeit*, die längste Zeit des Trauerweges, ist die Zeit des Lernens, ohne den Verstorbenen weiterzuleben. Das Labyrinth ist ein Symbol für den inneren Weg der Trauernden: Der Weg führt zur Mitte, aber er ist gewunden, führt einmal nahe an der Mitte vorbei, dann wieder ganz nach außen, einmal in die eine, dann wieder in die andere Richtung, ein Weg des Schmerzes, der Traurigkeit, des Gefühlschaos. Wenn Trauernde in der Mitte des Labyrinths ankommen und sie durchschreiten, gehen sie ein Stück verändert weiter. Denn sie stellen sich auf die neue Situation ihres Lebens ohne den oder die Verstorbene ein, übernehmen Tätigkeiten, die vorher der, die andere ausgeführt hat …

Im Zentrum des Labyrinths befindet sich seine Mitte, symbolisiert durch ein Loch, das viele Trauernde erfahren. („Ich habe das Gefühlt, immer tiefer zu fallen.“) Diese Mitte, dieses Loch steht symbolisch für das Ureigene, das den persönlichen Trauerweg ausmacht und das häufig von spirituellen Kräften getragen ist, für die Spiritualität, die Verbindung zum Übernatürlichen, in der Trauernde die Beziehung zu der verstorbenen Person lebendig halten können.

Wie Trauernde dieses Loch sehen, verändert sich im Laufe des Trauerweges, weil während des Weges Entwicklung geschieht und die Trauer selbst sich verändert. Das Loch, die Mitte, die durchschritten wird, verwandelt sich mit der Zeit in eine Quelle, aus der ich leben kann. „Das Loch, in das ich fiel, wurde zur Quelle, aus der ich lebe“, sagt Ruthmarijke Smeding und hat diesen Mut und Hoffnung machenden Satz als Überschrift über die Gezeiten der Trauer gesetzt.

In der *Regenbogen-Zeit* gehen die Trauernden auf ihrem Lebensweg weiter und können sich ihres Lebens wieder freuen, weil der, die Verstorbene einen festen Platz in ihrem Leben und ihrem Herzen hat. Ihre Trauer empfinden sie als Teil ihres Lebens. Auch in der Regenbogen-Zeit können immer wieder einmal Trauerreaktionen auftreten, besonders an Tagen wie Weihnachten, Hochzeitstag, Geburtstag ... Diese Reaktionen sind völlig normal.[3]

Wenn wir den Eindruck haben, immer wieder am gleichen Punkt unserer Trauer anzukommen, von dem wir doch meinten, ihn hinter uns gelassen zu haben, hilft die Vorstellung, dass Trauer in Wellen und wie in einem Labyrinth oder einer dreidimensionalen Spirale verläuft. Wir sind nur vermeintlich an der gleichen Stelle angekommen, die wir schon hinter uns gelassen glauben, aber tatsächlich befinden wir uns auf einer höheren Ebene der Spirale.

Der Arzt und Trauerforscher William Worden unterteilt den Trauerprozess in vier Aufgaben:

1. Die Wirklichkeit des Todes begreifen, den Verlust als Realität akzeptieren.
2. Die Vielfalt der Gefühle durchleben, den Schmerz verarbeiten.
3. Sich an eine Welt ohne die verstorbene Person anpassen, die veränderte Situation gestalten.
4. Der verstorbenen Person einen neuen Platz geben, eine dauerhafte Verbindung zu ihr finden.

In den einzelnen Kapiteln des vorliegenden Buches kommen die Traueraufgaben immer wieder zur Sprache. Diese „Aufgaben" auf dem Trauerweg müssen nicht der Reihe nach abgearbeitet werden, ich kann erspüren, was gerade für mich das Richtige und „Not-Wendende" ist auf meinem persönlichen Weg der Trauer.[4]

Individuelle Dauer der Trauerzeit

Es mag erstaunen, dass Antonia sagen kann, ihre Trauerarbeit sei nach wenigen Wochen abgeschlossen gewesen. Wie lange die Trauerzeit dauert, ist unterschiedlich. Antonia hatte in der Stille und Abgeschiedenheit des Krankenhauses Zeit, alle Phasen oder Gezeiten zu durchlaufen. Ihre jahrelange Beschäftigung mit dem Thema „Sterben und Tod" und ihr Glaube an ein Weiterleben bei Gott haben ihr geholfen, zu akzeptieren, dass ihr geliebter Mann nicht mehr lebt.

Anderen scheint es noch Jahre nach dem Verlust des geliebten Menschen kaum möglich, Freude zu empfinden und am Leben in all seinen Dimensionen teilzunehmen. Wieder andere sagen sehr schnell bewusst Ja dazu, dass das Leben weitergeht.

„*Unsere tiefe Trauer hat ein halbes bis ein Jahr gedauert. Im Anfang haben meine Hände so sehr gezittert, dass ich nicht einmal eine Kaffeetasse halten konnte. In dieser Zeit der ganz tiefen Trauer habe ich oft gebetet: Herrgott, führe du uns auf diesem Weg*", erzählt Elisabeth über ihr Leben mit dem Suizid des ältesten Sohnes.

Hilde ist 81, als ihr ein Jahr älterer Mann stirbt. Vor 65 Jahren haben sie sich ineinander verliebt, 58 Jahre waren sie verheiratet. „*Es hat sich in den vier Jahren seit Edis Tod eigentlich nichts verändert. Ich vermisse ihn jeden Tag. Ich kann Edi nicht abhaken, das wird so bleiben, bis ich sterbe. Es gibt Situationen, in denen ich alles stehen und liegen lasse und zum Friedhof fahre, um mit Edi zu reden oder ihn um Hilfe zu bitten. Auch wenn ich dafür eine halbe Stunde mit zwei Straßenbahnlinien fahren und viele Treppen steigen muss. Das nehme ich mit meinen 85 Jahren gern in Kauf.*"

Margret kann nach dem Tod ihrer Tochter die Dauer ihrer Trauerzeit definieren: „*Nach sieben Jahren haben mein Mann und ich gesagt: ‚Jetzt haben wir die Trauer überstanden.' Weil wir uns gegenseitig hatten und immer viel miteinander geredet haben, haben wir die Trauer bewältigt. Aber auch jetzt noch, nach 36 Jahren, ist Evelyn immer einmal wieder Thema unserer Gespräche.“*

Es ist richtig und wichtig, dass jede und jeder so lange trauert, wie es nötig ist. Und es ist richtig und wichtig, den Weg der Trauer bis zum Ende zu gehen, bis der Prozess in einer gewissen Art abgeschlossen ist oder eine andere Qualität bekommen hat, damit man nicht während seines ganzen weiteren Lebens von seiner Trauer gefesselt bleibt und jegliche Lebensfreude verliert. Dauerhafte Trauer kann zu Krankheiten und Depressionen führen. Bleibende Trauer kann allerdings auch ein Zeichen von Liebe sein – wenn sie nicht zur krankhaften Trauer wird.

Christel arbeitet nach ihrer eigenen Trauerarbeit in einer Palliativstation und einem Hospiz. Nach ihrer Erfahrung auf ihrem eigenen Trauerweg und mit dem Trauerweg vieler anderer gibt es zwei Wege der Trauer: Der eine Weg ist das Versinken in der Trauer aus dem Gefühl heraus, den Verlust nicht aushalten zu können. Menschen, die diesen Weg gehen, versinken immer tiefer im Dunkel ihrer Trauer und sterben dann häufig kurz nach dem Tod des geliebten Menschen. Das hat sie besonders bei älteren Menschen erlebt, die über 50 Jahre verheiratet waren und ohne ihren Lebenspartner nicht mehr weiterleben wollten.

Der andere Weg ist die Entscheidung, trotz der Trauer weiterleben zu wollen und daran zu glauben, den Schmerz aushalten zu können. Meist ist es eine unbewusste Entscheidung. Es ist wichtig, sich für das Leben zu entscheiden. Nicht um meiner Familie willen, nicht um anderer willen, nein, um meiner selbst willen will ich mich für das Leben entscheiden. Weil ich das Recht habe, weiterzuleben. Und weil ich es mir wert bin, weiterzuleben.

Vielleicht entspricht die Länge der Trauerzeit in etwa dem Rhythmus, der in vielen Religionen zum Umgang mit dem Tod gehört und der sich in früheren Zeiten in der Kleiderordnung Trauernder zeigte: 30 Tage oder sechs Wochen nach der Beerdigung halten die Kirchen einen weiteren Trauergottesdienst, in der katholischen Kirche Sechs-Wochenamt genannt. Nach einem Jahr wird das Jahrgedächtnis begangen. Eine ähnliche Zeiteinteilung galt bis ins 20. Jahrhundert für die Trauerkleidung: Beim Tod eines nahen Verwandten wurde ein Jahr lang Schwarz getragen. Übertragen auf die Trauerzeit könnte das heißen: ein bis zwei Monate tiefe Trauer, ein bis zwei Jahre lang schmerzhafte Trauer.

„Diese Fristen entsprechen ziemlich genau den psychologischen Phasen, von denen jene erzählen, die den Weg des Verlustes eines innig geliebten Menschen gegangen sind. Der erste Monat ist furchtbar, die ersten sechs Monate sind schwierig, das erste Jahr ist ziemlich kompliziert, danach beginnt es leichter zu werden“, erklärt der argentinische Arzt und Gestalttherapeut Jorge Bucay.[5]

Die Gemeindereferentin Christel sagt: *„Das erste Jahr war das schwerste. Aber man lernt, mit der Trauer zu leben. Die Trauer über den Verlust eines geliebten Menschen bleibt auch nach Abschluss der Trauerarbeit. Sie ist ein Auf und Ab, manchmal spüren wir sie gar nicht mehr, dann wieder bricht sie nach Jahren plötzlich einmal wieder auf. Auch jetzt, nach 24 Jahren, spüre ich bei bestimmten Anlässen wieder meine Trauer. Trauer gehört zu unserem Leben wie die Freude. Wenn unser Leben leicht und schön ist, ist auch die Trauer leicht. Wenn wir unter unserem Leben leiden, empfinden wir auch die Trauer als bedrückender.*

Wenn die unterschiedlichen Phasen der Trauer durchlebt sind, stellt sich Dankbarkeit ein, Dankbarkeit für alles, was ich durch den geliebten Menschen gehabt habe, der gestorben ist, *Dankbarkeit für alles, was wir miteinander erlebt und geteilt haben. Diese Dankbarkeit ist ein tiefes, umfassendes Gefühl, das uns ganz erfüllen kann.*"

Trauer verändert sich im Laufe der Zeit. Bei sehr vielen Trauernden ist die Trauer nach drei bis fünf Jahren zu einem Lebensbegleiter geworden, mit dem sie zu leben gelernt haben. Das heißt nicht, dass die Trauer nicht mehr existiert. Es bleibt eine Resttrauer, denn wenn der Schmerz nachgelassen hat, bleibt wie bei einer Wunde eine Narbe zurück. Aber die trauernde Person kann wieder Freude am Leben empfinden, weil der verstorbene Mensch einen neuen, anderen Platz in ihrem Leben gefunden hat.

Aus dem Gefühl, an einem absoluten Tiefpunkt des Lebens zu stehen, zeigen sich Wegspuren, die gangbar sind, Wege in eine Zukunft, die anders sein wird als geplant, die ohne den geliebten Menschen gestaltet werden will – eine Zukunft, die trotz des Verlustes erfüllend sein kann.

Kapitel 3

Sie haben das Recht auf Ihre Gefühle wie Schmerz, Wut, Verzweiflung, Einsamkeit, Erstarrung, Ohnmacht, Scham, Schuldgefühle, Sprachlosigkeit, Aggressivität, aber auch Liebe und Sehnsucht.

Bei einem Besuch des TrauBe e.V. (Trauerbegleitung für Kinder und Jugendliche und junge Erwachsene) in Köln, wo trauernde Kinder und Jugendliche begleitet werden, zeigt Manuel Schweichler, einer der beiden pädagogischen Leiter, mir einen kleinen Raum. Er ist ausgestattet mit dick gepolsterten Wänden, mit Schaumstoff ummantelten Schlagstöcken, einem Box-Sack und einem Bällebad. „Unseren jungen Gästen", erklärt er, „tut das Reden mit uns neutralen Personen gut, im Spielen und Basteln finden sie weitere Ausdrucksmöglichkeiten. Und sie brauchen einen Ort, an dem sie ihre Wut herauslassen können, ihre Enttäuschung darüber, dass ihre Mutter, ihr Vater oder ein Geschwisterkind für immer weg ist. Hier können sie toben, ihre Energie kanalisieren und auf den Box-Sack einschlagen, ohne sich zu verletzen oder etwas zu zerstören. Wut und Aggression gehören zur Trauer genauso dazu wie traurig sein. Ruhe und meditative Stille können sie in unserem Snoezel-Raum nebenan erfahren und dort neue Kraft auftanken." „Und das Bällebad mit seinen

Hunderten von kleinen Plastikbällen? Ich kenne das Bällebad nur aus Kindertagesstätten", frage ich. „Es gibt immer wieder Kinder oder Jugendliche", sagt Manuel Schweichler, „die sich in das Bällebad legen und sich vollständig mit den Bällen bedecken. Sie wollen ausprobieren, wie es ist, begraben zu sein."

Wut

> Agnes muss mit dem Suizid ihrer Tochter leben. *„In der Anfangsphase war ich sehr wütend auf Veronika. Warum hatte sie uns dies nun auch noch angetan? Es ist nicht natürlich, die eigene Mutter noch zu haben und das Grab der Tochter zu pflegen. Veronika hat keinen Abschiedsbrief hinterlassen. Aber wenn ich sie im Himmel wiedersehe, werde ich sie fragen, warum sie nicht mehr leben wollte."*

Nicht nur Kinder und Jugendliche haben das Recht, wütend zu sein über den Tod eines geliebten Menschen. Es ist völlig normal, dass wir nicht nur traurig, sondern auch enttäuscht oder wütend sind, wenn eine Person, mit der wir noch so viele Pläne hatten, uns für immer verlassen hat. Wir sind wütend auf den Menschen, der uns alleingelassen hat, wütend auf die Ärzte, die nicht mehr getan haben, wütend auf das ungerechte Schicksal oder auf Gott, weil all unsere Träume und Wünsche zunichte sind.

Wir müssen Ja sagen zu dieser Wut, weil sie zu dem Weg der Trauer gehört, den wir gehen. Und wir müssen so mit unserer Wut umgehen, dass sie uns selbst und andere nicht verletzt. Und dass sie das Band der Liebe, das uns über den Tod hinaus mit dem Verstorbenen verbindet, nicht beschädigt. Die Spannung in unserem Körper, die Zorn und Wut hervorrufen, will abgebaut werden. Das kann z. B. gelingen durch körperliche Aktivitäten wie Sport, Garten umgraben, auf ein Kissen einschlagen, einen langen Spaziergang oder einen Dauerlauf machen, durch lautes Schimpfen, wenn wir allein sind.

Hilfreich kann es sein, aufzuschreiben, warum und auf wen wir wütend sind. Wir können grundsätzlich besser mit unseren Gefühlen umgehen, wenn wir sie uns bewusstmachen, sie sozusagen aus dem Unterbewusstsein hervorholen, sie anschauen und auf sie reagieren. Wir können z. B. aufschreiben: „Ich bin wütend auf ..., weil ..."

Wir können ein Foto des geliebten Menschen anschauen oder uns vorstellen, er sitzt uns gegenüber, und ihm dann konkret sagen, worüber wir wütend sind. Auf einen Menschen wütend oder zornig sein heißt nicht, ihn nicht zu lieben. Darum brauchen wir uns nicht schuldig zu fühlen wegen unserer negativen Gedanken und Gefühle. Da die Wut das Geschehene jedoch nicht rückgängig machen kann, ist es gut, im Laufe der (nächsten) Zeit einen anderen Gedanken hinzuzufügen: Wir beginnen zu akzeptieren, dass die verstorbene Person nicht wiederkommt. Wir akzeptieren, dass es in unserer Welt nicht gerecht zugeht.

Die Psychotherapeutin Dr. Doris Wolf rät: „Korrigieren Sie Ihren Gedankengang: ‚Wie kann mein Partner mich nur verlassen. Das darf er mir doch nicht antun', durch den Gedanken: ‚Über den Tod können wir nicht bestimmen. Er steht am Ende eines jeden Lebens und gehört zum Kreislauf des Lebens. Er ist notwendiger, unausweichlicher und natürlicher Teil des Lebens. Mein Partner hat mich nicht verlassen, weil er mit wehtun wollte, sondern weil seine innere Lebensuhr abgelaufen ist. Ich bin bereit zu akzeptieren, dass er gestorben ist und unsere gemeinsame Zeit zu Ende ist. Ich habe die Chance und die Fähigkeit, meinem Leben neue Ziele zu geben. Das braucht Zeit, aber ich kann es bewältigen.'"[6]

Besonders schwierig ist das Umgehen mit den eigenen Gefühlen beim Tod durch Suizid und wenn Fremdverschulden oder Fahrlässigkeit Dritter den Tod verursacht hat, seien es Unfälle mit Todesfolgen durch Fehlverhalten anderer oder Tod durch Gewaltverbrechen wie beim Sohn von Véronique Elling. Véronique hat einen Weg gefunden, ihr Leben nicht von negativen Gefühlen diktieren zu lassen:

> *„Ein Jahr nach Victors Tod waren meine Gefühle etwas geklärter, da hatte ich für mich entschieden, mich nicht der Wut zu überlassen. Es ist die Entscheidung, sich die Liebe nicht durch Wut oder Hass zerstören zu lassen. Verstand und Herz wirken hier zusammen. Es ist mir gelungen, dass meine Wut nicht die Herrschaft über mich gewonnen hat. Ich weiß, dass Wut nirgendwo hinführt. Sie verlängert nur das eigene Leid. Wenn ich mich meiner Wut hingäbe, könnte ich keine Freude mehr empfinden, ich wäre gefangen in einem dunklen Raum. Und das habe ich nicht verdient."*

Für Angehörige von Suizid- oder Mordopfern sind gute Anlauf- und Unterstützungsstellen die bundesweiten Hilfsorganisationen AGUS e.V. – für Suizidtrauernde bundesweit und ANUAS e.V. – für Angehörige von Mord-, Tötungs-, Suizid- und Vermisstenfällen.

Schuldgefühle und Verzeihen

Ein plötzlicher, unerwarteter Tod ist besonders belastend, wenn wir uns nicht von dem geliebten Menschen verabschieden konnten. Zurück bleibt neben dem Schock häufig das Gefühl, dass vieles noch hätte gesagt werden müssen, dass ein letzter Streit noch nicht versöhnt ist, dass der geliebte Mensch mir gegenüber oder ich ihm gegenüber noch um Entschuldigung bitten wollte.

> Während ich an diesem Buch arbeite, schreibt mir Bettina: „*Bei mir ist es gerade sehr traurig, da mein geschiedener Mann sehr plötzlich verstorben ist. Er hat leider sehr viel Unversöhnliches zurücklassen müssen und damit geht es meinen erwachsenen Söhnen und mir sehr schlecht! Damit bin ich sozusagen überfordert. Ich hoffe, mein Glaube hilft mir! Wenn Du für uns beten könntest, wäre ich froh.*"

Wenn immer möglich, sollten wir uns darum bemühen, der oder dem Verstorbenen noch all das zu sagen, was uns auf der Seele liegt. Auch wenn der Körper nicht mehr lebt: das, was den geliebten Menschen ausgemacht hat, seine Persönlichkeit, seine Seele, lebt weiter. Wir können davon ausgehen, dass eine verstorbene Person uns noch hört, und wir können ihr sagen, wie sehr wir sie lieben und wie sehr wir sie vermissen. Wir können auch unseren Groll und unsere Enttäuschung über sie zulassen und ihr sagen, was uns belastet oder gestört hat und worunter wir gelitten haben. Vielleicht gelingt es uns auch, im Nachhinein Verständnis für ihr Verhalten zu entwickeln und ihr zu verzeihen. „Ich finde es unglaublich wichtig, dem Verstorbenen verzeihen zu können, ohne zu vergessen, wer er zu Lebzeiten war. Verzeihen bedeutet, ihm seine Schuld zu stunden, nicht aber zu vergessen, dass er sie nicht bezahlt hat."[7] Verzeihen kann auch noch weitergehen, es kann gelingen, seine Schwäche, seine Schuld nicht nur zu stunden, sondern zu vergeben. Für uns selbst ist es eine große Erleichterung, all das auszusprechen und wenn möglich zu verzeihen, was von Seiten des oder der Verstorbenen nicht gut war.

Genauso ist es umgekehrt. Viele Trauernde bewegt die Frage nach ihren Schuld-Gefühlen, auch wenn vielleicht objektiv gar keine Schuld vorliegt. Aber Gefühle lassen sich nicht einfach „abstellen", genauso, wie sich Liebe nicht einfach abstellen lässt. Und quälende Schuldgefühle gegenüber einem Verstorbenen lassen die Trauer noch schmerzhafter sein. So, wie wir der oder dem Verstorbenen sagen können, worunter wir gelitten haben, können wir sie oder ihn um Verzeihung bitten für das, was von unserer Seite Schwäche oder Versagen war. Vielleicht gelingt es uns dann, uns zu sagen: Es ist jetzt gut. Ich habe meinem geliebten Menschen gesagt, was ich falsch gemacht oder unterlassen habe. Ich glaube, dass er es gehört hat. Ich verabschiede mich jetzt von meinem schlechten Gewissen, denn ich habe gesagt, was mir bewusst war. Und für alles ist ein Neubeginn möglich.

Es gibt allerdings auch Situationen, in denen ein Verzeihen kaum oder gar nicht möglich ist. Wenn Gewalt oder Übergriffigkeit die Beziehung geprägt hat und der Tod des einen eine Entlastung für die anderen bedeutet, müssen die Zurückbleibenden sich nicht zwingen, zu verzeihen. Hier kann es entlastend sein, den Verstorbenen dem gerechten und richtenden Gott in die Hände zu geben.

Liebe und Sehnsucht

Auch wenn ich den Eindruck habe, die Welt bricht zusammen – und meine eigene Welt ist ja tatsächlich mit dem Verlust des geliebten Menschen zusammengebrochen und nichts, aber auch gar nichts mehr ist genauso, wie es vorher war – auch wenn ich den Eindruck habe, die Welt bricht zusammen, stelle ich mit Erstaunen fest, dass das Leben um mich herum weitergeht. Die Natur wächst und blüht, die Menschen arbeiten, feiern, lachen und lieben. Und auch ich habe das Recht, neben allen Gefühlen von Schmerz, Verzweiflung, Zorn oder innerer Leere auch meine Sehnsucht nach Liebe zu spüren.

Wenn ich nach der ersten Zeit des immensen emotionalen Schocks wieder ein wenig klarer denken und empfinden kann, ist es natürlich, wenn ich mich nach Liebe und körperlicher Zärtlichkeit sehne. Dies gilt besonders beim Verlust des Lebenspartners, der Lebenspartnerin. Das Bedürfnis nach Liebe, Zärtlichkeit und Zweisamkeit ist uns Menschen angeboren. Es gehört zu uns. Darum ist diese Sehnsucht immer da, wenn auch manchmal verborgen oder unterdrückt. Ich brauche mich nicht zu schämen, wenn ich mich nach dem Verlust meines Partners, meiner Partnerin plötzlich zu jemandem hingezogen fühle, weil er oder sie mich sexuell anspricht. Es ist ein Hinweis darauf, dass ich noch lebendig bin und mein Körper nicht völlig erstarrt ist.

Klage und Bitte, Zorn auf Gott

> Ulrike hadert mit Gott, dass ihre Tochter mit 21 Jahren unheilbar an Krebs erkrankt ist. *„Gott war zu dieser Zeit für uns sehr, sehr weit weg. Wie konnte er es zulassen, sie so lange (16 Wochen!) leiden zu lassen, sie immer wieder nach Organversagen, zwei Herzstillständen, Dialyse, kompletter Darmentzündung, Nierenversagen, Leberschaden, ... ins Leben zurückzuholen? Letztendlich gab es keine Hoffnung, keine Rettung mehr und sie starb in den Armen ihrer Schwestern. Quälende Fragen für uns alle. Mittlerweile nähere ich mich Gott wieder an – oder anders herum (?).“*

> Die Gemeindereferentin Christel erzählt: *„Als mein Mann die Diagnose ‚unheilbarer Krebs‘ erhielt, dachte ich: ‚Gott ist nicht da.‘ Oft stand ich nachts am Fenster und sagte: ‚Gott gibt es nicht, was ich bislang gemacht habe, meine Arbeit in der Kirche und für die Kirche – es ist alles nur Theater.‘ Ich konnte nicht mehr an Gott glauben. Trotzdem habe ich den Rosenkranz gebetet, den ich auch sonst regelmäßig bete. Er war ein Krückstock für mich.“*

Wir haben auch das Recht, zornig auf Gott zu sein, der uns diesen Verlust zumutet. Und das ist gut so. Wenn wir uns selbst ernst nehmen und Gott ernst nehmen, können und sollen wir ihm alles sagen und ihm unsere Sorgen, unsere Frustration, unsere Wut vor die Füße werfen. Denn auch in der Bibel finden sich zahlreiche Beispiele, in denen Menschen Gott anklagen und mit ihm ringen.

Die vielleicht bekannteste Geschichte im Alten Testament erzählt das Buch Hiob. Sein Name ist in den sprichwörtlichen

Hiobs-Botschaften bis heute präsent. Der gottesfürchtige, hochangesehene Hiob verliert aufgrund eines Experiments zwischen Gott und Satan seine Kinder und seinen ganzen Besitz und wird mit schrecklicher Krankheit geschlagen. Nachdem er zunächst an Gottes Güte festhält, wandelt sich sein Gottvertrauen in bittere Anklage gegen Gott, den er sogar als Feind bezeichnet. *„Und nun zerfließt meine Seele in mir, des Elends Tage packen mich an. Des Nachts durchbohrt es mir die Knochen, mein nagender Schmerz kommt nicht zur Ruh. Mit Allgewalt packt er mich am Kleid, schnürt wie der Gürtel des Rocks mich ein. Er warf mich in den Lehm, sodass ich Staub und Asche gleiche. Ich schreie zu dir und du antwortest mir nicht, ich stehe da, doch du achtest nicht auf mich. Du wandelst dich zum grausamen Feind gegen mich, mit deiner starken Hand befehdest du mich. Du hebst mich in den Wind, fährst mich dahin, lässt mich zergehen im Sturmgebraus"* (Hiob 30,16-22). Am Ende der Geschichte segnet Gott Hiob wieder mit Gesundheit, Kindern und Enkeln und großem Besitz. Und Gott sagt, dass Hiob recht von ihm geredet habe.

Sprechende Beispiele für das Klagen vor Gott sind auch die Klagepsalmen und einige sogenannte Fluchpsalmen. Die 150 Psalmen der Bibel sind uralte Gebete. In ihnen wendet sich ein einzelner Beter oder das ganze Volk Israel an Gott, lobt ihn, dankt ihm, klagt ihm seine Not und bittet ihn um Hilfe. Durch die gesamte Geschichte des jüdischen und christlichen Glaubens gehören die Psalmen wie ein weltumspannendes Gebetsnetz zum regelmäßigen Gebet der jüdischen Gläubigen und vieler Christen.

In den Klagepsalmen klagen Einzelne oder das ganze Volk über ihre Not. In der Klage gibt es neben dem ausgedrückten Schmerz auch eine Hoffnung: Die Klage richtet sich an ein

Gegenüber, sie ist kein richtungsloses weinerliches Jammern. Klagen bringt die eigene Not zum Ausdruck, anstatt sie im Herzen zu verschließen. Die Klagenden überlassen sich nicht passiv ihrem Schicksal, sondern werden aktiv, sprechen ihre Not aus und bitten um Hilfe. In den Klagepsalmen bringen Menschen ihre Not vor Gott und bitten ihn um Hilfe.

Solche Texte können auch uns heute helfen, unsere Klage auszusprechen, sie zu stammeln oder laut hinauszuschreien. Denn manchmal finden wir keine Worte für unseren Schmerz, verstummen und fühlen uns innerlich erstarrt. Wir können uns die uralten Gebetsworte ausleihen und zu unserem eigenen Seufzen, Klagen, Flehen werden lassen:

Sei mir gnädig, Herr, denn ich welke dahin; heile mich, Herr, denn meine Glieder erstarren vor Schrecken! Meine Seele ist tief erschrocken. Du aber, Herr – wie lange noch? Herr, wende dich mir zu und errette mich, um deiner Güte willen bring mir Hilfe! Ich bin erschöpft vom Seufzen, jede Nacht benetze ich weinend mein Bett, ich überschwemme mein Lager mit Tränen. (Ps 6,3-5.7)

Wie lange noch, Herr, vergisst du mich ganz? Wie lange noch verbirgst du dein Angesicht vor mir? Wie lange noch muss ich Sorgen tragen in meiner Seele, Kummer in meinem Herzen Tag für Tag? (Ps 13,2-3a)

Die Wege meines Elends hast du gezählt. In deinem Schlauch sammle meine Tränen! Steht nicht alles in deinem Buche? Ich habe erkannt: Mir steht Gott zur Seite. Auf Gott setzte ich mein Vertrauen, ich fürchte mich nicht. (Ps 56,9.10b.12)

Auch Jesus hat Gott gegenüber geklagt. In seiner Todesstunde betet er den 22. Psalm: *„Und in der neunten Stunde schrie Jesus mit lauter Stimme: Eloï, Eloï, lema sabachtani?, das heißt übersetzt: Mein Gott, mein Gott, warum hast du mich* *verlassen?“* (Mk 15,34; Mt 27,46). In diesem Psalm heißt es: *„Mein Gott, mein Gott, warum hast du mich verlassen, bleibst fern meiner Rettung, den Worten meines Schreiens? Mein Gott, ich rufe bei Tag, doch du gibst keine Antwort; und bei Nacht, doch ich finde keine Ruhe. Hingeschüttet bin ich wie Wasser, gelöst haben sich all meine Glieder, mein Herz ist geworden wie Wachs, in meinen Eingeweiden zerflossen. Meine Kraft ist vertrocknet wie eine Scherbe, die Zunge klebt mir am Gaumen, du legst mich in den Staub des Todes“* (Ps 22,2-3.15-16). Wie viele andere Klagepsalmen endet auch dieses Gebet mit einem Lob Gottes. *„Die ihr den Herrn fürchtet, lobt ihn; all ihr Nachkommen Jakobs, rühmt ihn. Denn er hat nicht verachtet, nicht verabscheut des Elenden Elend. Er hat sein Angesicht nicht verborgen vor ihm; er hat gehört, als er zu ihm schrie. Den Herrn sollen loben, die ihn suchen. Aufleben soll euer Herz für immer.“* (Ps 22,24.25.27)

Einige Psalmen in der Gruppe der Klagepsalmen werden Fluchpsalmen genannt (besonders Psalm 58, 83 und 109). In ihnen geht es besonders drastisch ans Werk. Der Beter fleht zu Gott, er möge die Feinde vernichten. Denn er weiß, er kann selbst nichts tun, um dem Unrecht abzuhelfen. So übergibt er gewissermaßen seinen Zorn an Gott. Die Fluchpsalmen wirken wie ein Katalysator. Wir können unsere tiefe innere Wut zum Ausdruck bringen und sie vor Gott hinausschreien. Das hilft, uns nicht von ihr zerreißen zu lassen.

„Gott, zerbrich ihnen die Zähne im Mund! Herr, zerschlage das Gebiss der Löwen! Sie sollen vergehen wie verrinnendes Wasser; er legt seine Pfeile auf, sie sind wie kraftlos, wie die Schnecke, die sich auflöst in Schleim.“ (Ps 58,7-9a)

„Gott, schweig doch nicht, bleib nicht still, Gott, und bleib nicht ruhig! Denn siehe, deine Feinde toben, die dich hassen,

erheben das Haupt. Mach sie zu Distelgewirbel, mein Gott, zu Spreu vor dem Wind! Wie Feuer, das Wälder verbrennt, wie eine Flamme, die Berge versengt, so jage sie davon mit deinem Sturm und schrecke sie mit deinem Wetter! Bedecke mit Schmach ihr Gesicht, damit sie, Herr, nach deinem Namen fragen. Beschämt und verschreckt sollen sie sein für immer, zuschanden sollen sie werden und zugrunde gehn." (Psalm 83,2.3.14-18)

Wir können uns diese harten Worte ausleihen, wenn wir Zorn empfinden – Zorn auf den Verstorbenen, der uns im Stich gelassen hat; Zorn über Gottes Handeln an uns; Zorn darüber, ab jetzt unseren Alltag ohne die geliebte Person an unserer Seite bestehen zu müssen. Besonders stark wird uns Zorn erfüllen, wenn ein Dritter den Tod durch Fahrlässigkeit oder Mord verursacht hat.

Es kann erleichtern, uns klagend und bittend an Gott zu wenden, weil wir erfahren: Wir leiden, aber wir müssen nicht alles allein tragen. Da ist einer, der uns sieht, der uns zuhört und uns versteht, weil er als Mensch selbst gelitten hat. Da ist ein Gott, dessen Liebe und Gerechtigkeit das letzte Wort behalten wird. Am Ende seines Lebens wird jede und jeder von uns Gottes liebende, ausgleichende Gerechtigkeit erfahren – die Guten wie die Bösen.

Mein persönlicher Klagepsalm

Es kann hilfreich sein, einen eigenen, ganz persönlichen Klagepsalm zu schreiben. Unabhängig von Religionszugehörigkeit und spiritueller Überzeugung können Trauernde ihre Gefühle, Sehnsüchte und Wünsche niederschreiben, indem sie sich an ein Gegenüber wenden – mögen sie es Gott, Allah,

Universum, göttlicher Geist oder wie auch immer nennen. Es geht darum, der eigenen Not, der Verzweiflung, der tiefen Trauer eine Stimme zu geben. Der Aufbau der biblischen Klagepsalmen ist ein Dreischritt:

- das Sich-Wenden an Gott – „Gott, hilf mir! Gott, höre mich! …"
- die Schilderung der Not – „In mir ist nur noch Finsternis / mein Leben ist leer und sinnlos geworden / ich bin allein und verlassen…"
- die Bitte um Hilfe und Ausdruck des Vertrauens – „Du hast mir doch schon oft geholfen / Ich brauche deine Hilfe, denn ohne sie bin ich am Ende …"

Auf dem dunklen Weg der Trauer gibt es Momente, in denen sich aus dem großen, alles überschattenden Schwarz lichte Farben erheben. Sie lassen spüren, dass Wandlung möglich ist.

Kapitel 4

Sie haben das Recht, sich schwach oder krank zu fühlen. Denn Trauer beschränkt sich nicht auf die Seele, sie erfasst den ganzen Menschen mit Körper, Seele und Geist.

„In der Trauer legt sich der Körper einen Panzer zu (in vielen Fällen macht er sich im wahrsten Sinne des Wortes hart, indem sich die Muskeln zusammenziehen und anspannen). Er versucht sich zu schützen, um den Schlag abzumildern, den der Schmerz verursacht.“[8]

Trauer erfasst den ganzen Menschen mit seinem Körper, seiner Seele und seinem Geist. Denn Körper, Seele und Geist sind eine Einheit, eins existiert nicht ohne die anderen.

Unsere Psyche oder Seele, Sitz unserer Gefühle, ist untrennbar mit unserem Leib verbunden. Die eine reagiert auf den anderen und umgekehrt, beide beeinflussen sich gegenseitig. Wenn wir uns z. B. schämen (Gefühl), reagiert unser Körper: wir erröten. Wenn wir uns erschrecken, weicht das Blut aus unserem Kopf, wir werden blass. Wenn wir uns aufregen, steigt unser Blutdruck. Beim Anschauen eines Thrillers bekommen wir im Moment höchster Spannung feuchte Hände. Der Volksmund kennt diese Zusammenhänge, wenn er sagt, „Dieses Problem liegt mir im Magen“, „Sie bricht mir das Herz“, „Er ist halsstarrig“, „Sie reagiert verschnupft“,

„Das verschlägt mir die Sprache“, „Es geht mir unter die Haut“ etc.

Umgekehrt gilt das Gleiche: Körperliche Beschwerden oder Ereignisse von außen „schlagen uns aufs Gemüt“, lassen uns traurig oder apathisch werden.

Trauer erfasst Körper, Seele und Geist

Schon immer werden in Dichtung und Musik Menschen beschrieben, die an gebrochenem Herzen oder Herz-Schmerz sterben. Seit den 1990er Jahren ist wissenschaftlich nachgewiesen, dass es tatsächlich möglich ist, am Broken-Heart-Syndrom, an einem gebrochenen Herzen zu sterben. Die emotionale Belastung ist in diesen Fällen so groß, dass sie die Herzleistung extrem stark beeinträchtigt. Es kann zu Symptomen kommen, die einem Herzinfarkt ähneln. Der Tod durch ein Broken-Heart-Syndrom ist selten, aber er kommt vor.

Jorge Bucay beschreibt Reaktionen auf einen Verlust in unterschiedlichen Dimensionen unseres Seins, er spricht von körperlichen, psychischen, sozialen, emotionalen und spirituellen Reaktionen.

Häufige körperliche Reaktionen sind Kopfschmerzen, Atembeschwerden, Schweißausbrüche, Magenschmerzen, Durchfall, Verstopfung, Gliederschmerzen, Schlafstörungen. Die körpereigenen Abwehrkräfte lassen stark nach, wodurch z. B. die Gefahr von Infektionskrankheiten steigt. Häufig fühlen Trauernde sich insgesamt krank und elend. Die Konzentrationsfähigkeit ist häufig eingeschränkt, so dass es schwerfällt, sich z. B. etwas gerade Gelesenes zu merken. Manchmal erreichen die körpereigenen Abwehrkräfte erst acht bis zwölf

Monate nach dem Tod des geliebten Menschen ihren Tiefpunkt. Es ist also nicht „unnormal“, sich lange erschöpft oder krank zu fühlen. Im bewussten Auseinandersetzen mit der Trauer gehen die körperlichen Beschwerden allmählich zurück. Auch die Konzentrationsfähigkeit kehrt zurück. Es gibt allerdings auch Menschen, die sich in ihre Trauer zurückziehen, sich sozusagen in ihr vergraben. Wenn eine Vernachlässigung des Leibes hinzukommt, besteht die Gefahr des körperlichen Verfalls. „Auch Jahre nach dem Verlust können sich körperliche Anzeichen rund um die besonderen Tage einstellen – das Schmerzgedächtnis des Körpers meldet sich und hat einen langen Atem. Oftmals erschließt sich der Zusammenhang nur mühsam, weil niemand mehr bewusst diese Beschwerden in Verbindung mit dem Verlustereignis bringt.“[9]

Die Psyche reagiert mit Gefühlen wie Wut, Angst, Erstarrung, Schuldgefühlen, Verzweiflung, Hoffnungslosigkeit, Ausweglosigkeit, mit Nervosität, Reizbarkeit oder Aggression.

Soziale Reaktionen sind z. B. das Meiden anderer Menschen, der Rückzug aus der Erwerbstätigkeit, soziale Verwahrlosung oder aber auch das Gefühl, sich um die Familie kümmern zu müssen, der Wunsch, meine Arbeit wiederaufzunehmen, das Bedürfnis, Angehörige und Freunde zu sehen oder diese zu meiden.

Zu emotionalen Reaktionen gehören weinen, wütend mit dem Fuß aufstampfen, Dinge zerstören wollen, lähmende Antriebslosigkeit, emotionale Erschöpfung, Rastlosigkeit, innere Unruhe.

Spirituelle Reaktionen äußern sich im Zweifel am Glauben oder an der Existenz eines liebenden Gottes, in der Suche nach anderen religiösen Leitbildern, im Versuch, Kontakt mit dem Jenseits oder mit Geistwesen aufzunehmen.[10]

Körper, Seele und Geist brauchen Unterstützung

Trauerarbeit ist Schwerstarbeit. Darum brauchen Körper, Seele und Geist alle Unterstützung, die wir ihnen geben können. Vielleicht fällt es uns schwer, überhaupt etwas zu essen, weil uns der Appetit vergangen ist. Vielleicht graut es uns davor, abends ins Bett zu gehen, weil wir das Alleinsein und die Träume fürchten. Vielleicht möchten wir uns nur in einen Winkel unserer Wohnung verkriechen und überhaupt nicht mehr nach draußen gehen.

Das alles sind völlig normale Reaktionen auf den enormen Verlust, den wir erlitten haben. Wir können uns krankschreiben lassen, wenn wir keine Kraft haben, unserer Arbeit nachzugehen. Denn wir haben das Recht, uns krank zu fühlen.

Auf der anderen Seite müssen wir alles tun, damit Körper und Seele genesen können und wieder die notwendige Energie erhalten, ohne die es uns unmöglich ist, den Weg durch unsere Trauer zu gehen. Auch wenn uns der Sinn überhaupt nicht danach steht, ist es unabdingbar, weiterhin zu essen und zu trinken, sich zu bewegen und zu schlafen. Denn: Wir sind nicht mit dem geliebten Menschen gestorben, wir leben noch. Und wir haben das Recht, weiterzuleben.

Die Trauerbegleiterinnen Claudia und Henrika raten: *„Tun Sie sich immer wieder etwas Gutes. Gehen Sie an die frische Luft, trinken Sie ein Glas Wein, wie Sie es gemeinsam mit dem Verstorbenen getan haben, üben Sie kleine Entspannungsrituale. All das hilft, die Trauerzeit zu überleben.“*

Wenn ich den Eindruck habe, nichts mehr essen zu können, ist es hilfreich, mir etwas Kleines, Schmackhaftes und gut Verträgliches zuzubereiten, etwas, das mir immer sehr gut geschmeckt hat. Ich muss nicht Mengen essen, lieber öfter am Tag eine Kleinigkeit. Wichtig ist es, regelmäßig und ausgewogen zu essen und genügend zu trinken, denn Körper und Nerven brauchen große Kraftreserven für die Schwerarbeit der Trauerbewältigung. Es kann auch sein, dass mich ein Heißhunger nach Essen oder nach Süßem überfällt. Dann ist es hilfreich, gesunde, gut verträgliche Lebensmittel in Reserve zu haben. Bei Süßem empfehlen sich süßes Obst wie Bananen, Feigen, Äpfel und Trockenfrüchte, Nüsse, Studentenfutter. Auch Schokolade kann eine gute Wahl sein. Hier tut es gut, bewusst auf den Geschmack der Schokolade zu achten und kleine Portionen zu genießen. Ebenso darf ich ein Glas Wein oder ein Bier genießen. Kleine Genussmomente tun mir gut und sind auch in großer Trauer erlaubt. Alles, was meinem Körper guttut, und alles in dem Maß, in dem es ihm guttut, gibt mir Kraft und hilft, meinen Trauerweg zu gehen.

Wenn ich Angst vor der Dunkelheit habe, weil mich der Horror der Angst, Ausweglosigkeit und Einsamkeit immer wieder von neuem überfällt, kann ich abends alle Lampen in der Wohnung anzünden und auch nachts einige Lichter brennen lassen.

Meinem oft verspannten, wie erstarrten Körper tut es gut, schöne Musik zu hören und Entspannungsübungen zu machen. Dies gilt auch bei Schlaflosigkeit: Ein warmes Bad, ein Beruhigungstee, kleine Entspannungsübungen und gleichbleibende Zeiten des Schlafengehens und Aufstehens können zu Ritualen werden, die den Körper auf Schlafen einstellen. Auch eine lauwarme Dusche am Abend und anschließend das liebevolle Eincremen der Haut erzeugen eine wohltuende Wirkung und signalisieren Körper und Seele, dass sie lebendig und wertvoll sind – auch wenn mein Gefühl im Moment eher das Gegenteil empfindet.

In der Regel tut es auch gut, Einladungen von Familienangehörigen oder Freunden anzunehmen: eine Einladung zum Essen, das Übernachten bei Freunden oder Verwandten, das Kochen mit Kindern oder Enkeln, wohltuende Massagen oder Saunabesuche, gemeinsame Spaziergänge ... All das ist heilsam für den erschöpften Körper und die leidende Seele und lässt sie für einen Moment aufatmen und neue Energie tanken.

Über einen längeren Zeitraum hinweg Schlaftabletten zu nehmen, kann abhängig machen, ebenso wie die Angewohnheit, zum schnelleren Einschlafen über lange Zeit Alkohol zu trinken.

Es ist gut zu wissen, dass die körperlichen Beschwerden im Laufe der Trauerarbeit zurückgehen, weil die enorme Spannung, die der Schock des Verlusts und die Trauer im Körper erzeugen, langsam abgebaut wird.

Kapitel 5

Sie haben das Recht, sich trösten zu lassen. Mitfühlende Menschen und Rituale können die Zeit der Trauer unterstützend begleiten.

Die Kraft der Rituale

Der Verlust eines geliebten Menschen katapultiert uns an einen Tiefpunkt, er ruft grenzenlose Trauer hervor und bringt unseren Alltag durcheinander. Oft verlieren wir den Boden unter den Füßen und treiben haltlos umher. Denn häufig strukturiert die Routine des Alltags unseren Tagesablauf nicht mehr, die gewohnten Strukturen tragen uns nicht mehr. Umso mehr brauchen wir Geländer, die uns vor dem Sturz ins Bodenlose schützen. Solche „Geländer" können Rituale sein.

Norbert nimmt nach dem Tod seiner Frau unverzüglich seine Arbeitstätigkeit wieder auf. *„Mir hat vor allem nach meiner mehrwöchigen Arbeitsunfähigkeit während der Pflege- und Sterbephase meiner Frau die Rückkehr an meinen Arbeitsplatz bereits am ersten Arbeitstag nach der Beisetzung unheimlich gutgetan, da damit mein Alltag wieder eine Struktur und einen ‚normalen' Ablauf bekam. Meine Arbeit und die damit verbundenen Anforderungen sorgten für Ab-*

lenkung (das ist mir tatsächlich geglückt), und ich hatte morgens bereits beim Aufwachen ein Ziel. Schwieriger waren allerdings die Wochenenden. Den abendlichen Spaziergang durch mein Wohnviertel unmittelbar vor dem Schlafengehen habe ich über viele Wochen beibehalten, gelegentlich mache ich ihn heute noch. Beim Blick auf die Häuser habe ich mir häufig vorgestellt, dass hinter so manch einem Fenster jemand lebt, der einen ähnlichen Schicksalsschlag wie ich erlitten hat, und diese Vorstellung hat mir geholfen."

Der Duden beschreibt *Ritual* als ein „wiederholtes, immer gleichbleibendes, regelmäßiges Vorgehen nach einer festgelegten Ordnung". Wir alle praktizieren Rituale in unserem Alltag wie das alljährliche weihnachtliche Schmücken des Hauses, den immer gleichen Ablauf des Morgens vom Aufstehen bis zum Arbeitsbeginn, die festliegenden Feiern der Familiengeburtstage.

Gerade in Zeiten, in denen wir meinen, im Bodenlosen zu versinken, brauchen wir Rituale als Anker, die bis zum Grund reichen und uns spüren lassen, dass es irgendwo doch noch eine tragende Basis gibt.

Christine H. erzählt von ihrem Umgehen mit dem Unfalltod ihres Sohnes: „*Ganz besonders wichtig, wie Medizin, war und ist das Reden über meinen Sohn. Reden, reden, reden, immer wieder. Zunächst das Reden mit den Freunden meines Sohnes, später dann die Gespräche in einer Trauergruppe. Ganz nützlich zur Trauerbewältigung ist mir das Schreiben. Ich habe gleich nach meiner Rückkehr vom Wohnort meines Sohnes alles aufgeschrieben, was seit der Todesnachricht passiert ist: Tatsachen, Gefühle, Gedanken, Briefe an meinen Sohn, Gedankenaustausch mit einer Freundin. Das half mir,*

den Schmerz zu bewältigen, die Trauer aktiv zu gestalten, wieder Energie zu gewinnen. Damit fühlte ich mich nicht mehr so verloren und hilflos. Daraus ist ein kleines Buch entstanden Bis heute schreibe ich mein Tagebuch an meinen Sohn, erzähle ihm alles, was passiert, lasse ihn teilhaben an all meinen Gedanken. Das ist, neben den anderen Ritualen, mein schönstes, hilfreichstes, weil ich damit immer noch lebendig mit ihm verbunden bin.
Auch heute geben mir die Gedichte und die Rituale weiterhin Kraft in schwierigen Situationen ... Ich gehe zum Grab und schmücke es mit selbstgemalten Herzen …"

Für Margret ist der regelmäßige Friedhofsbesuch ein wichtiges Ritual: „*Ich gehe auch jetzt noch, nach mehr als 30 Jahren, regelmäßig zu Evelyns Grab und bepflanze es schön, es ist das schönste Grab auf unserem Friedhof, die Leute bleiben vor ihm stehen, wenn sie vorübergehen. Ich weiß, dass Evelyn nichts davon hat, aber mir und meinem Mann tut es gut."*

Eva-Maria suchte nach Ritualen: „*Der Tod meines Mannes, 49 Jahre alt, kam plötzlich, nicht vorhersehbar. Mich persönlich beschäftigte die Frage: Warum mitten aus dem Leben? Ich bekam darauf keine Antwort. So habe ich, oft verzweifelt, versucht, es durch Gespräche und Rituale zu verarbeiten. Der Gang zum Friedhof wurde zum Ritual, dort war ich ihm besonders nahe. Mein Glaube und die Gebete haben mir sehr geholfen."*

„Rituale haben die Funktion, dass wir den Tod des Verstorbenen akzeptieren, und sie erlauben uns, unsere Trauer öffentlich auszudrücken, was […] für den Prozess der Trauerbewältigung so wichtig ist."[11]

Abschiedsrituale helfen, den Tod des geliebten Menschen im wahrsten Sinn des Wortes zu be-greifen. Da sind zum einen die Rituale in den Tagen nach dem Sterben. Vor allem das Verweilen am offenen Sarg und das Reden mit dem Verstorbenen, bei dem wir ihm das sagen können, was uns auf der Seele liegt, wie sehr wir ihn geliebt haben, wie gut die Zeit mit ihm war. Und auch all das, was uns belastet hat, worunter wir gelitten haben.

Es ist gesetzlich erlaubt, den Verstorbenen eine Zeit lang zu Hause aufzubahren. Hier ist ein Abschiednehmen im vertrauten, geschützten Rahmen möglich. Sich gemeinsam mit der Familie oder mit Freunden bei dem Verstorbenen zu versammeln und über ihn zu reden, Erinnerungen auszutauschen, zu weinen und über manches Gewesene vielleicht auch zu lachen, seine Lieblingsmusik anzuhören, schafft Verbundenheit, die über den Tod hinausreicht. Entgegen früherer Überzeugung ist es nicht gefährlich, den Toten zu berühren, seine Hand zu halten und ihn zu streicheln. In der Regel geht von einem Leichnam keine Gefahr aus. Es hilft, die Realität des Todes zu begreifen und zu akzeptieren und dem geliebten Menschen einen neuen Platz in der Familie zu geben.

An einem solchen Abschiednehmen können auch Kinder teilnehmen. Wenn sie gut auf den Anblick des Leichnams vorbereitet werden, hilft es auch ihnen, den Tod als etwas zum Leben Gehörendes zu akzeptieren. Kinder vom Anblick eines Verstorbenen oder von der Beerdigung auszuschließen, wirkt verstörender auf sie und kann ihre Vorstellung von Sterben und Tod negativ beeinflussen, denn in ihren Augen muss es einen Grund geben, dass sie nicht teilnehmen dürfen. Allerdings sollen Kinder nicht gezwungen werden, einen Verstorbenen anzuschauen. Ihre Teilnahme muss ohne Druck oder Zwang geschehen.

Agnes Tochter Veronika hat sich suizidiert: Als ihr Leichnam freigegeben wird, dürfen die Eltern Veronika für einige Stunden nach Hause holen. „*Wir haben nur unseren Pfarrer eingeladen zu kommen, ansonsten waren mein Mann, unsere zweite Tochter und ich allein mit Veronika. Der Pfarrer hat sie gesegnet, wir haben Fotos von ihr gemacht. Es hat uns gutgetan, unsere Tochter noch einmal für einige Stunden bei uns zu haben. Wir haben Abschied genommen von ihr. Es hat uns geholfen zu begreifen, dass sie nicht mehr da ist.*" In den ersten Monaten nach der Beerdigung hat Agnes das Foto ihrer toten Tochter oft auf dem PC angeschaut. „*Es war ein Zurückholen meiner Tochter für einige Momente. Für mich war dieses Anschauen des Fotos wichtig, um wirklich zu begreifen, dass sie nicht mehr unter uns lebt.*"

Das Bemalen des Sarges oder der Urne ist ein berührendes Ritual, in dem wir unsere Liebe noch einmal hand-greiflich zum Ausdruck bringen können. Beim Sterben eines Kindes kann der kleine Sarg mit Geschwisterkindern oder Freunden mit bunten Farben bemalt werden. Aber auch Erwachsene können einen Sarg kreativ gestalten, man kann das Bestattungsunternehmen danach fragen.

Angelika und ihr Mann Achim haben nach dem Tod ihres 4-jährigen Sohnes David den Mut, zwei weiteren Töchtern das Leben zu schenken. Zehn Jahre nach Davids Tod erkrankt Achim an einem Gehirntumor und stirbt. Wieder muss Angelika mit ihrer unsagbaren Trauer umgehen. Wieder gestaltet sie mit ihren Töchtern einen individuellen Grabstein. „*Eine wichtige Form der Verarbeitung des Todes der geliebten Menschen war für unsere Töchter und mich die Gestaltung der Grabstätte. Sowohl für unseren Sohn als auch für meinen Mann haben wir die Grabsteine selbst entworfen und so gestaltet, dass diese wirkliche „Denk-mäler" geworden sind. Das Grab ist für mich heute ein wichtiger Ort des Trostes und der Verbindung."*

Für jüngere Kinder kann es bei der Teilnahme an Bestattungen eine Hilfe sein, mit Helium gefüllte Luftballons zu halten. Im gleichen Moment, in dem der Sarg in die Erde hinabgesenkt wird, lassen die Kinder ihre Luftballons steigen, schauen ihnen nach und „sehen", wie die Seele der oder des Verstorbenen in den Himmel fliegt. Ihr, sein Leib ruht nun in der Mutter Erde, aus der das Leben der Menschen, Tiere und Pflanzen kommt und zu der alles Leben zurückkehrt. Das deutet sich auch in der Bezeichnung „Be-ERD-igung" an, ebenso im Satz „Von der Erde bist du genommen, und zur Erde kehrst du zurück. Der Herr aber wird dich auferwecken", den der Zelebrant bei christlichen Beerdigungen sagt, wenn er dreimal eine Handvoll oder eine kleine Schaufel Erde auf den Sarg wirft. (Die Begräbnisordnung der katholischen Kirche „Die kirchliche Begräbnisfeier". Hrsg: Ständige Kommission zur Herausgabe der liturgischen Bücher im dt. Sprachgebiet nennt den Satz: „Staub bist du und zum Staub kehrst du zurück. Der Herr aber wird dich auferwecken." Bei Beisetzungen wird entweder der eine oder der andere Satz verwendet.)

Christel sagt aus ihrer Erfahrung mit der Begleitung Trauernder, was hilft, weiter am Leben teilzuhaben. „Trauernde brauchen unbedingt Struktur, Rituale und die Sorge für sich selbst. Ohne eine geregelte Tagesstruktur geht es nicht. Manche Trauernde vernachlässigen sich selbst, verlieren den Boden unter den Füßen, essen und trinken nicht mehr regelmäßig.

Hilfreich kann sein:

- Wenn ich morgens erwache, mich auf die Bettkante setzen und bewusst den Boden unter meinen Füßen spüren. Einige Male auf den Boden trampeln, um zu erfahren: ‚Ich habe festen Boden unter den Füßen, ich schwimme nicht'.
- Regelmäßig zu einer festgelegten Zeit aufstehen und dem Tag Struktur geben.
- Regelmäßig essen und trinken, gut für mich selbst sorgen, mich sorgfältig pflegen und kleiden.
- Für viel Licht in der Wohnung sorgen, ruhig auch abends in allen Zimmern Licht anmachen, wenn mir die Dunkelheit Angst macht.
- Die Wohnung verlassen, um frische Luft zu tanken, mich bewegen.
- Auch Texte und Musik sind gute Hilfen.
- Glaubende Menschen können morgens langsam und bewusst ein Kreuzzeichen machen. Mit diesem Kreuzzeichen zeichnen sie das Kreuz über sich selbst und nennen den dreifaltigen Gott, den Vater, den Sohn und den Heiligen Geist, der uns Menschen zugesagt hat, uns nicht zu verlassen. Sie können die Arme ausbreiten und sagen: Gott ist da. Er sieht mich: er leidet mit mir."

Die Theologin und Heilpraktikerin für Psychotherapie Antje Uffmann schlägt Trauernden, die von ihr begleitet werden, unterschiedliche Rituale vor:

- Das Nutzen verschiedener Tränentücher. Tränentücher sind unterschiedliche liebevoll ausgesuchte Taschentücher zum Trocknen von Tränen. Nicht alle Tränen haben die gleiche Ursache: Weinen um denjenigen, den ich verloren habe, Weinen um mich selbst wegen meiner großen

Einsamkeit, Weinen um all das, was ich in meinem bisherigen Leben versäumt oder verpasst habe, Weinen wegen erlittener Verletzungen in Kindheit und Jugend … Durch die bewusste Wahl verschiedener Tücher zum Trocknen unterschiedlicher Tränen wird mir die Bedeutung und die reinigende, heilende Wirkung meiner Tränen bewusster.

- Einen Gedenkort oder Trauerort, an dem ich an den Verstorbenen denke. Ich bereite diesen Ort liebevoll mit einer Kerze, Blumen, Fotos, Musik und Lieblingsgegenständen meines, meiner Verstorbenen. Hier setze ich mich einmal am Tag hin, zünde bewusst die Kerze an, betrachte die Fotos, nehme die Lieblingsgegenstände zur Hand, höre die Musik, die wir gemeinsam gehört haben. Ich überlasse mich für eine Stunde meiner Trauer, darf mich erinnern und weinen und vor allem Gemeinschaft pflegen mit meinem geliebten Menschen. Am Ende meiner Trauer-Stunde wische ich mir liebevoll die Tränen ab, lösche behutsam die Kerze, erhebe mich und wende mich wieder meinem Alltag zu. Meine Trauer hat ihren Ort und ihre Zeit. Ich überlasse mich ihr zu einer bestimmten Zeit am Tag, und dann lasse ich sie hier ein Stück weit zurück, so dass ich langsam, aber sicher wieder Fuß fasse in meinem Alltag.
- Ein Trauergewand, in das ich mich z. B in meiner Trauer-Stunde hülle. Dieses Trauergewand kann ein großes weiches Tuch sein, eine Jacke oder Pullover, der dem Verstorbenen gehörte, ein Gewand, das ich mir eigens als Trauergewand nähe. Das Trauergewand hüllt mich bergend ein und schützt mich in meiner Verletzlichkeit als Trauernde.[12]

Ein sehr sprechendes Symbol für die bleibende Nähe zu dem geliebten Menschen ist auch ein Memorial Quilt, eine Gedenk-Steppdecke oder Erinnerungsdecke. Diese Tradition ist Mitte der 1980er Jahre in den USA entstanden, zum Gedenken an die verstorbenen AIDS-Kranken. Ich kann aus unterschiedlichen Kleidungsstücken, Taschentüchern, Betttüchern etc. meines Verstorbenen eine große bunte Steppdecke oder ein Kissen nähen oder nähen lassen. In diese Decke kann ich mich einhüllen, sie schützend über mich legen, auf das Kissen kann ich meinen Kopf betten und meine Tränen fließen lassen, ich kann mich an das Kissen anlehnen, wie ich mich an meinen geliebten Menschen anlehnen konnte.

Im Haus des TrauBe e.V. in Köln erstellt jedes Kind eine Erinnerungs-Box mit Fotos und Lieblingsgegenständen des verstorbenen Elternteils oder Geschwisters. Solch eine Erinnerungs-Box ist auch für Erwachsene ein „Ort“, dem Verstorbenen immer wieder zu begegnen. Sie ist ein Schatzkästchen, dessen Inhalt mich mit dem verlorenen Menschen in Verbindung bringt, ihn mir nahe sein lässt in Fotos, Briefen, seinen Lieblingsgegenständen etc.

Neben einer Erinnerungs-Box kann es hilfreich sein, eine Kummer-Box herzustellen. Alle Traurigkeit, alle Wut, allen Kummer und alle Sorgen schreibe ich jeweils auf Zettel und lege diese in die Kummer-Box. In regelmäßigen Abständen nehme ich die Zettel heraus und zerreiße oder verbrenne sie. Mit diesen kleinen symbolischen Akten zeige ich mir selbst, dass mein Kummer, meine Ängste und Sorgen vergehen werden.

Vielen Trauernden hilft das Schreiben. Ein Trauertagebuch, das während der Zeit der Trauerarbeit geschrieben wird, ist ein geduldiger „Zuhörer“, der ohne zu werten und ohne gutgemeinte Ratschläge einfach aufnimmt, was wir ihm anvertrauen. Immer wieder einmal nachzulesen, was wir geschrieben haben, lässt uns unsere eigene Entwicklung auf dem Weg der Trauer erkennen.

Nach einer gewissen Zeit der Trauerarbeit ist es hilfreich, noch einmal ein Abschiedsritual durchzuführen, das ich z. B. mit Blumen und einer Kerze vorbereite und feierlich durchführe. Dazu kann ich ein Foto oder einen Gegenstand meiner geliebten Person in die Hand nehmen, zu ihrem Grab gehen oder an einen Ort, der uns beiden wichtig war. Ich kann sagen: „Ich verabschiede mich jetzt von dir, von deiner Liebe und Zuwendung, von deiner Unterstützung und deinem Rat ... Ich verabschiede mich von deiner Ungeduld und deiner Unordnung ... Ich akzeptiere, dass du nicht mehr bei mir bist, denn deine Zeit zu gehen war gekommen. Ich verzeihe dir alles, worunter ich gelitten habe und bitte dich um Verzeihung für alles, womit ich dich belastet habe. Du bist nicht mehr sichtbar an meiner Seite, aber in meinem Herzen bleibst du gegenwärtig."

All dies sind einige konkrete Möglichkeiten. In der Literatur gibt es zahlreiche weitere (siehe z. B. Literaturangabe im Anhang).

Die Unterstützung durch mitfühlende Menschen

Elisabeths Familie erfährt in der Zeit nach dem Suizid des ältesten Sohnes viel Positives: „*Wir haben als Familie alle positiven Dinge doppelt positiv gesehen, z. B. die vielen schriftlichen Beileidsbekundungen, die Reaktionen bei Begegnungen. Menschen, die wir nur vom Sehen kannten, sind auf der Straße auf uns zugekommen und haben uns in den Arm genommen.*

Diese positive Unterstützung hat uns gestützt und getragen, und ohne diese Hilfe hätten wir es nicht ausgehalten. Ich habe sie als Hilfe Gottes verstanden. Unsere ganze Familie hat ganz fest zusammengehalten und erinnert sich bis heute an die positive Unterstützung durch andere. Unsere mittlerweile erwachsenen Kinder handeln genauso, wenn etwas Schlimmes geschieht."

Nach Ninas Sterben erzählt ihre Mutter Ulrike: „*Über zwei Wochen hatten wir jeden Abend liebe Menschen um uns, die uns trösteten, mit denen wir über Nina reden, weinen und über manche Lebenssituationen lachen konnten. Das zeigte uns, dass Nina nicht nur für uns ein wichtiger lieber Mensch war, sondern auch für viele andere.*"

Christine H. erfährt nach dem Unfalltod ihres Sohnes Unterstützung durch ihre Familie und Freunde: „*In erster Linie hat mir die sofort einsetzende unmittelbare Unterstützung durch meine Familie und die engsten Freunde geholfen, die ganz schnell und unkompliziert über einen sehr langen Zeitraum zu mir standen und mich unterstützten, mich trugen und hielten. Nicht missen möchte ich auch die lange Zeit, die ich vor der Einäscherung an seinem offenen Sarg verbrachte, und die vielen Freunde, die ihm liebevolle Gaben wie Briefe, Blumen, kleine Geschenke hineinlegten. Überhaupt war die Verbundenheit mit diesen jungen Freunden in der ersten Zeit ein Segen für mich.*"

Trost durch mitfühlende Menschen ist ein Balsam für die tief verwundete Seele. Denn getröstet werden bedeutet, mich verstanden zu wissen, zu erfahren, dass ich in meinem Schmerz nicht allein bin. Im Getröstetwerden kann ich mich anlehnen an den, der mich tröstet. Und ich kann mich mit ihm freuen über kleine Zeichen der Verbundenheit und Zuwendung.

Trösten geschieht durch liebevolle Blicke, zarte Berührungen, achtsame Worte. Trost braucht keine gutgemeinten Ratschläge: „Reiß dich zusammen, deine Kinder brauchen dich", „Du hast jetzt lange genug getrauert", „Du wirst schon wieder einen netten Mann kennenlernen". Ratschläge solcher Art werden von Trauernden häufig eher als Rat-Schläge empfunden, die ihnen wie nasse Lappen um die Ohren gehauen werden.

„Trost ist nicht die rasche Aufrichtung der geknickten Seele, ist nicht die Vermittlung von Lichtblicken und Zuversicht, sondern ist eine den Leidenden empfindende und seine Empfindungen vermittelnde Mitmenschlichkeit. Trost bedeutet für den trauernden Menschen, Vergnügen, Genuss oder Freude empfinden zu können, trotz und neben Hoffnungslosigkeit und Verzweiflung. Trost kommt zum Schmerz hinzu, geht in ihn ein, aber nimmt den Schmerz nicht weg. […] Trost ist beständige und beruhigende Zuwendung in einer Lage, die in Wirklichkeit keine Erwartungen und Hoffnungen auf schnelle Linderung zu hegen erlaubt, in der man sich aber auch Täuschungen und Lügen versagt."[13]

Rituale und mitfühlende Menschen übernehmen die Funktion von Ankern, die im Gefühl der Bodenlosigkeit langsam wieder einen tragenden Grund finden lassen.

Kapitel 6

Sie haben das Recht, Hilfe in Anspruch zu nehmen.
Jeder Trauernde oder jede Trauernde benötigt
Menschen, die ihm oder ihr zur Seite stehen:
Verwandte, Freunde, Nachbarn.
Manchmal braucht es auch fachliche Unterstützung
wie Trauerbegleiter oder therapeutische Hilfe.

Obwohl das Thema „Tod und Trauer" durch die Hospizbewegung und die vielerorts entstandenen Trauergruppen und Trauercafés wieder mehr ins Bewusstsein der Gesellschaft gerät, tun sich die meisten Menschen schwer, mit der eigenen oder fremden Trauer umzugehen. Das selbstverständliche Eingebettetsein der Trauernden in ihr gesellschaftliches Umfeld, wie es andere Kulturen kennen, ist bei uns weitgehend verschwunden. Allein der Brauch, Tote bis zur Beisetzung allein in der Aufbewahrungshalle zu lassen, ist in vielen Ländern unvorstellbar und sogar schockierend.

Wir kennen das öffentliche Trauern nur noch bei Attentaten oder Terroranschlägen, die das ganze Land erschüttern. Da werden Kerzen und Blumen an die Sterbeorte gelegt, es wird ohne Scheu geweint und geklagt und die Medien dürfen über die Trauernden in Wort und Bild landesweit berichten.

Dennoch scheuen wir uns, auf Trauernde im Freundes- oder Bekanntenkreis zuzugehen. Wir fühlen uns hilflos und wissen nicht, wie wir uns verhalten sollen. Uns fehlen im wahrsten Sinn des Wortes die Worte, um wirklich zu helfen, angemessen zu trösten und aufzurichten. Wir haben Angst, die Trauer noch zu vertiefen, wenn wir von dem Verstorbenen sprechen. Wir fürchten, der Flut der Tränen nicht gewachsen zu sein, nicht zu wissen, was wir sagen sollen und wie wir helfen können.

Genauso scheuen wir uns, unsere eigene Trauer zu zeigen, in Gegenwart anderer unsere Tränen fließen zu lassen und einzugestehen, dass wir allein und verzweifelt sind. Der Tod hat keinen Platz mehr in unserem Leben, weil er eine Bedrohung ist, weil er Liebgewordenes beendet und zerstört.

Aber: Niemand braucht sich zu schämen, wenn er sich dem Schicksal hilflos ausgeliefert fühlt und mit dem Leben nicht mehr fertig wird. Niemand ist „unnormal", wenn er nicht allein sein kann und nicht ohne fremde Hilfe auskommt. Jede und jeder hat das Recht, genau die Unterstützung in Anspruch zu nehmen, die er und sie braucht.

„Es ist wichtig, auf die Menschen zuzugehen, denn viele scheuen sich, eine trauernde Person anzusprechen. Ich denke, sie fühlen sich hilflos, manche wechseln sogar die Straßenseite, nur um nichts sagen zu müssen. Ich bin sofort nach Wiederaufnahme meiner Arbeit auf die Menschen meiner Gruppen zugegangen und habe sie umarmt, das hat ihnen den Umgang mit mir erleichtert und sie konnten normal mit mir sprechen, mir zuhören und mir Unterstützung geben." So erfährt Antonia es nach dem Unfalltod ihres Mannes.

Die ausgebildete Hospizhelferin Margit begleitet ihre geliebte Tante in deren letzten Lebenstagen. *„Als meine Tante sterbenskrank ins Krankenhaus gebracht wurde, besuchte ich sie und begrüßte sie, indem ich sie berührte und ihr sagte, dass ich jetzt bei ihr bleiben würde. Es geschah das Unvergessliche. Mit diesem Moment veränderte sich meine Tante zusehends. Sie war auf der letzten Etappe ihres Lebens angekommen. Mein Onkel setzte sich zu seiner Frau ans Bett und hielt ihre Hand. Wir berührten Tante M., um ihr zu zeigen, dass sie nicht allein ist. Aber auch, weil sie immer gern berührt worden ist. Wir beteten für sie. Ich stand hinter meinem Onkel und hielt meine Hand auf seiner Schulter. Wir Drei waren miteinander verbunden. So schlief meine Tante in einer großen Ruhe im Kreise ihrer Liebsten ein. Für mich war es ein großes Geschenk, sie auf dieser Reise begleiten zu dürfen. Ich bin fest davon überzeugt, dass mich meine Tante gerufen hat, damit ihr geliebter Mann in dieser Situation nicht allein war."*

„Die Medizin für den Menschen, der trauert, ist der Mensch, der mit ihm trauert, mit ihm die Trauer teilt."[14]

Norbert fühlt sich im Sterbeprozess seiner Frau und darüber hinaus von Freunden und Bekannten begleitet und getragen: *„Mir – bzw. uns – hat sehr geholfen, dass wir in der Zeit des Sterbeprozesses im Hospiz (aber auch schon während der mehrwöchigen Pflegebedürftigkeit zu Hause) eingebettet waren in einer fast ständigen Begleitung der engeren Familie und einer Vielzahl von uns überwiegend aus der Gemeinde nahestehenden Menschen, die sich untereinander abgesprochen und sich quasi ‚die Klinke in die Hand gereicht' haben.*

Ganz wichtig war auch die seelsorgerische Begleitung durch die Gemeindereferentin, die gleichzeitig Krankenhausseelsorgerin war, und durch den damaligen Pfarrer, die beide in ihrer einfühlsamen, unaufdringlichen Art meist einfach nur präsent waren, ohne viel zu sprechen, und schon nur durch ihr Dasein zu einer – ich möchte fast sagen - insgesamt relativ entspannten Atmosphäre beigetragen haben.
Nach dem Tod meiner Frau war für mich immens wichtig, dass die Fäden zu den engsten Freunden nicht abrissen. Existentiell wichtig und wohltuend waren für mich ihre Einladungen, zu den Mahlzeiten zu ihnen zu kommen, und ihre spontanen Besuche nach meinem Arbeitsalltag bei mir zu Hause. Auch die vorsichtigen Anfragen, ob es mir vielleicht helfen könne, wenn sie eine Nacht im Gästezimmer meines Hauses schliefen, damit ich die Leere des Hauses am Abend und in der Nacht weniger heftig spürte (wir waren ungewollt kinderlos), war gut und hilfreich. Von diesen Angeboten habe ich in den ersten Wochen häufiger, und auch später noch gelegentlich Gebrauch gemacht.“

Trauergruppen und Trauercafés

Neben der Begleitung und Unterstützung durch nahestehende Menschen kann auch fachliche Hilfe nötig sein. Wenn es z. B. auch nach ein oder zwei Jahren unmöglich scheint, aus der ersten tiefen Trauer herauszukommen, ist es sinnvoll, therapeutische Hilfe in Anspruch zu nehmen, denn chronische Trauer kann krank machen und zu Depressionen führen.

Susanne rät nach dem Verlust ihres Ehemannes: „*Nehmt Hilfe an. Ihr braucht alle Unterstützung, die ihr kriegen könnt. Das schafft niemand ganz allein.*“

Eine gute Hilfe für Trauernde sind Trauergruppen, die an vielen Orten seitens der Kirchen, Caritas, Diakonie, Vereinen oder staatlichen Einrichtungen angeboten werden. In diesen Gruppen finden sie sich von Menschen umgeben, die ebenfalls einen geliebten Menschen verloren haben. Begleitet werden die Trauergruppen von ausgebildeten Trauerbegleiterinnen oder -begleitern. In solch einem geschützten Raum können Tränen ohne Scheu fließen, kann geklagt, geseufzt, gehadert und der Schmerz herausgeschrien werden. Denn in dieser Weggemeinschaft auf Zeit kann sich jede und jeder Trauernde getragen und verstanden fühlen, weil die anderen Teilnehmenden ähnliche Erfahrungen durchleiden und darum mit-fühlen und mit-leiden können. Trauergruppen sind in der Regel Gruppen mit gleichbleibenden Teilnehmern über einen bestimmten Zeitraum. In den angebotenen Treffen geht es darum zu lernen, den je eigenen Weg der Trauer zu gehen, die Trauer im Alltag zu integrieren, zu lernen, mit ihr zu leben und den Mut und die Kraft zu entwickeln, irgendwann wieder Freude am Leben zu gewinnen.

Trauercafés bieten einen offenen Raum für Gespräche über Trauer. Sie sind offene Angebote. Trauernde können unverbindlich vorbeikommen und erste Kontakte knüpfen, „müssen“ aber nicht regelmäßig kommen.

Auf längere Sicht ist eine Trauergruppe mit festen Teilnehmenden allerdings meist hilfreicher, weil Trauernde sich gegenseitig besser kennenlernen und sich öffnen können und sich nicht selten auch bleibende Kontakte entwickeln. Es ist wichtig zu prüfen, ob die Trauergruppe wirklich zu mir passt. Wenn ich mich nach dem dritten Treffen weiterhin unwohl in einer Gruppe fühle, ist das ein Zeichen, dass irgendetwas nicht passt. Dann sollte ich ohne schlechtes Gewissen die Trauergruppe verlassen und eine andere suchen.

Wichtig ist auch, nicht zu früh in eine Trauergruppe zu gehen. Denn das innere Teilnehmen an den Verlusterfahrungen der anderen ist zu Beginn des eigenen Trauerweges oft zu belastend und nur schwer auszuhalten. Der Tod des geliebten Menschen sollte mindestens zwei bis drei Monate zurückliegen.

> Annettes Sohn stirbt mit 20 Jahren durch die Unvorsichtigkeit eines anderen. „*Es ist eine andere Trauer, wenn ein älterer Mensch stirbt, der sein Leben gelebt hat, oder ein so junger Mensch aus dem Leben scheidet und eine Mutter ihr Kind verliert.*
> *Durch das sensible Vorgehen unserer Trauerbegleiterin wurde eine Gruppe für verwaiste Eltern gebildet. Wir trafen und treffen uns (es sind jetzt fast 5 Jahre) regelmäßig einmal im Monat. In diesem Kreis fühle ich mich gut aufgehoben, ich weiß, wie es Eltern geht, die ihr Kind verloren haben. Wir können zusammen weinen, aber uns auch freuen, wir sprechen viel über unsere Kinder. Unsere Trauerbegleiterinnen helfen uns immer wieder ‚auf den Weg', haben großes Verständnis für uns, stützen uns. Ich habe in unserem Kreis erfahren, dass das Leben weitergeht. Unser Simon ist immer bei mir und eines Tages werde ich ihn wiedersehen. Daran glaube ich ganz fest.*
> *Ich bin sehr dankbar dafür, dass ich Hilfe und Trost durch die Menschen dieser so besonderen Gruppe bekommen habe und weiter bekomme.*"

TrostHelden

Eine ganz individuelle Art der Trauerbegleitung haben Hendrik und Jen Lind entwickelt, sie nennen ihre Trauerbegleiter „TrostHelden".

Hendrik und Jen Lind, die Gründer der weltweit ersten Trauerfreund-Vermittlung „TrostHelden", wissen um die Notwendigkeit, in der Trauer Menschen an der Seite haben. Ihre Vermittlung bringt jeweils die beiden Trauernden zusammen, die sich in ihrer individuellen Situation gegenseitig am besten unterstützen können, um den heilsamen Weg der Trauerarbeit gemeinsam zu gehen. Zusammen mit seiner Frau Jen hat Hendrik Lind alle Erfahrungen durch hundertfache Einzelkontakte mit Trauernden in die Entwicklung ihres Systems gesteckt und damit eine neue Form der Hilfe für Trauernde geschaffen (www.trosthelden.de).

Für dieses Buch schreibt er:

Unsere Trauerkultur des Wegsehens kann man in Kürze so zusammenfassen: „Der Tod macht nicht nur traurig, sondern auch einsam." Von 3,5 Millionen Neutrauernden pro Jahr erfahren die wenigsten das Verständnis im sozialen Umfeld, das es für eine gute Trauerverarbeitung braucht. Diese Situation wurde durch die Pandemie deutlich verschärft, da Umarmungen als gefährlich in unser Bewusstsein eingeprägt wurden.

Wenn ein Schicksalsschlag eintritt, dann ist auf einmal etwas in uns, dass sich neben der Traurigkeit fremd und unheimlich anfühlt. Es fühlt sich an, als wäre ein neuer Chef im Hause eingezogen, der Taktgeber ist und über Handlungsfähigkeit und Trauerstarre bestimmt. Trauernde erkennen sich dann oftmals von jetzt auf gleich selbst nicht wieder. Da bestimmt etwas über einen guten oder einen schlechten Tag. Über Trauerstarre und Handlungsfähigkeit. Dieses Fremde ist aber nichts Fremdes. Es ist ein Teil des Ichs, der durch den Schicksalsschlag wach wurde. Dieser Teil war schon immer da, wir brauchten ihn nur nicht. Doch nun ist er aktiviert und wird bis zu unserem Lebensende bleiben. Dieser Teil des Ichs will kennengelernt werden. Auf dass die Trauer mit der Zeit ihren richtigen Platz bekommt und gut ins Leben integriert ist.

Das soziale Umfeld versteht Trauernde oftmals nicht oder hat Angst vor echtem Kontakt. Aber wie soll das Umfeld einen verstehen, wenn man sich als Trauernder selbst nicht versteht? Immerhin spricht man von einem Augenblick auf den anderen eine andere Sprache, eine „Trauersprache“, die man selber nicht versteht. Wenn wir jemanden im Außen haben, der die gleiche Trauersprache spricht, dann ist das wie ein Spiegel, um sich selbst in Trauer besser kennenzulernen. Genau hier setzt TrostHelden, ein Onlineportal für Trauerfreund-Vermittlung, an. Nach dem Ausfüllen eines Fragebogens errechnet ein Programm, bei welchem anderen TrostHelden-Mitglied die Wahrscheinlichkeit am höchsten ist, dass die gleiche Trauersprache gesprochen wird. TrostHelden bringt Gleich und Gleich zusammen.

Diesen Menschen mit gleicher Trauersprache zu suchen und zu finden, das ist sehr wichtig. Neben der Trauerbewältigung erwächst eine Persönlichkeitsentwicklung, die uns staunen lassen wird. Ich rede von mehr Selbstliebe, fokussierten Lebenszielen, Entrümpelung des Unechten und anderem.

Dies ist die individuelle Ebene. Die gesellschaftliche Ebene ist nicht weniger interessant: Menschen, die ein Gegenüber mit komplettem Verständnis hatten, engagieren sich in ihrem neuen Lebensabschnitt vielfach auf den verschiedenen Ebenen der Mitmenschlichkeit. Wir können also sagen, dass gutes Trauern Mitmenschlichkeit in die Welt bringt. Andersherum können wir aber auch sagen, dass durch ein Fehlen des guten Umgangs mit der Trauer das riesige gesellschaftliche Humanitätspotential nicht eröffnet wird.

Jetzt möchte ich Sie bitten, kurz Ihre Augen zu schließen. Stellen Sie sich bitte einmal eine Gesellschaft vor, in der wir durch einen guten Umgang mit Trauer das Potential der Mitmenschlichkeit befreien. Was verursacht das in Ihnen? Was macht das mit Ihrem Umfeld? Wie fühlt es sich für Sie an, dieses „Mehr geben, mehr erhalten"?

Zu guter Letzt möchte ich noch einen Blick über uns Individuen hinaus wagen. Für akut Trauernde ist dies ein Kapitel, das durchaus Unverständnis hervorbringen kann, da es bloße Theorie ist und in der akuten Trauer nicht hilft. Trotzdem: Wofür ist der Tod gut, evolutionär gesehen? An erster Stelle ist da natürlich das Argument der Überbevölkerung. Ohne den Tod wäre die Erde nicht bewohnbar. Als zweiter Punkt ist die gesellschaftliche Entwicklung zu nennen. Ein Trauerfall tritt wünschenswerterweise erst beim Tod der eigenen Eltern ein. Meist sind wir da in einem Alter, wo wir ausgelernt haben und schon einige Jahre in einem gewissen, alltäglichen Umfeld leben. In diese Zeit fällt der Schicksalsschlag und löst durch seine Verarbeitung das oben beschriebene Wachstum aus. An dritter Stelle möchte ich das oben erwähnte Humanitätspotential anbringen. Eine gute Trauerkultur erzeugt mehr Mitmenschlichkeit in der Gesellschaft.

Ich wünsche jedem Trauernden den Mut und die Kraft, die Trauer anzunehmen und sie ins Leben zu integrieren. Sie fühlt sich traurig an und lässt verzweifeln. Doch sie ist da, weil sie aus – beständiger – Liebe geboren ist."

Hendrik Lind

Kapitel 7

Sie haben das Recht, weiterhin am Leben teilzuhaben, zu essen, zu trinken, zu schlafen, sich mit Freunden zu treffen, zu lachen, zu feiern.

Der Gedanke, sich zu freuen, wieder einmal zu lachen und zu feiern, erscheint Menschen, die in tiefer Trauer sind, unendlich weit weg. Denn ihre Welt ist zusammengebrochen, der Boden unter ihren Füßen weggerissen. Sie fragen sich, wie ihr Leben ohne den anderen oder die andere sinnvoll und irgendwann wieder erfüllend weitergehen kann. Wie sie jemals wieder ein leckeres Essen, einen spannenden Film, gute Musik genießen können, sich mit Freunden treffen und mit ihnen lachen und feiern können. Bei vielen Trauernden kommt die Frage hinzu, ob sie überhaupt das Recht haben, sich zu freuen, weil der oder die Verstorbene nicht mehr an der Freude teilhaben kann.

Hanna Roth ist Bestatterin und Trauerbegleiterin. Der Tod begegnet ihr täglich. Als ihr Vater Fritz Roth, der Gründer des Bestattungshauses Pütz-Roth in Bergisch-Gladbach, 2012 mit 63 Jahren an Krebs stirbt, wird sie selbst zur Trauernden. Was sie über den Umgang mit dem Tod ihres Vaters schreibt, kann auch für andere Bedeutung haben:

Trauer ist Liebe

„‚Der Tod ist vielleicht die beste Erfindung des Lebens, er mistet das Alte aus, um Platz für das Neue zu schaffen.‘ Dieser Satz von Apple-Gründer Steve Jobs war eines der Lieblingszitate meines Vaters Fritz Roth. Auch während der Trauerfeier für meinen Vater wurden diese Worte gesprochen. Viele Menschen kamen damals in den Altenberger Dom, um mit uns zu weinen, zu lachen, zu trauern und zu feiern.

‚Das Leben ist ein Geschenk‘, auch so ein Satz, den man häufig von meinem Vater hörte. Ich hatte während der Trauerfeier immer wieder das Gefühl, dass Fritz uns diese beiden Stunden schenkt, in denen noch einmal all das ausgesprochen wurde, was ihm wichtig war, die Lieder gesungen wurden, die er liebte und die Menschen zusammenkamen, die ihn auf seinem Lebensweg begleitet hatten. ‚Trauer braucht Gemeinschaft‘ – ich wünschte, jede trauernde Familie könnte eine so wunderbare Gemeinschaft erleben, wie wir an diesem Tag.

Die Trauerfeier war an einem Samstag, einem Tag, an dem die Menschen Zeit haben. So hatte es sich mein Vater gewünscht. ‚Trauer braucht Zeit‘, auch so einer seiner Schlüsselsätze. Zwei Stunden haben wir Fritz hochleben lassen, haben Geschichten über ihn gehört, sind noch einmal seinen Lebensweg nachgeschritten.

Mein Vater – der meinen Bruder und mich nach der Geburt in seinen Armen vom Krankenhaus nach Hause getragen hat – wurde von unseren Mitarbeitern und meinem Bruder David im Sarg in den Dom getragen. Das war für mich ein besonders berührender Moment. Davon gab es viele an diesem Tag. Freunde, Verwandte, aber auch sehr viele Menschen, die ich noch nie zuvor gesehen hatte, kamen auf meine Mutter Inge, meinen Bruder und mich zu, nahmen uns in den Arm und gaben uns das Gefühl, in diesem schweren Moment des Abschieds nicht alleine zu sein. Es war wunderbar zu spüren, wie vielen Menschen Fritz etwas bedeutet hat und es tat uns gut, auch noch nach der Trauerfeier viele Stunden in dieser Gemeinschaft zu verbringen.

Der Mai war sein Lieblingsmonat, deshalb haben wir als Familie entschieden, Fritz′ Urne in diesem Monat beizusetzen. Fritz hatte einmal die Idee, den 1. Mai zum Volkstrauertag zu erklären. ‚Trauer ist Liebe' war sein Lieblingssatz und deshalb gehörte Trauer für ihn in den Wonnemonat Mai. ‚Freude und Leid, es existiert immer alles gleichzeitig', hat Fritz in seinen Vorträgen die Zuhörer ermuntert, ihr Schicksal anzunehmen.

Wir haben uns viel Zeit für den Abschied gelassen und das war gut so. Die Urne stand in dieser Zeit bei unserer Mutter Inge zuhause. Wann immer jemand zu Besuch kam, war Fritz auf besondere Art noch einmal anwesend. Wir haben viel darüber gesprochen, was für ein wunderbarer Mensch er war. Wir haben auch geschimpft, Fritz musste immer im Mittelpunkt stehen und das hat es uns manchmal schwergemacht, unserem Vater nahe zu sein.

Fritz konnte die Menschen, die er liebte, im wahrsten Sinne des Wortes auf Händen tragen. Wir haben diese Geste auf eine wunderbare Art erwidert. Jeder von uns hat die Asche unseres Vaters ein Stück getragen und meine Mutter hat die Urne, die die Form eines roten Herzes hatte, gehüllt in einen roten Schleier, ins Grab gelegt. Das Grab von Fritz Roth in den Gärten der Bestattung, dem Friedhof, den er gegründet hat, wurde zum Erinnerungsort. Auch das Bild unserer Mutter, die unseren Vater zur letzten Ruhe bettet, wird in unseren Herzen lebendig bleiben. Freunde und Verwandte haben das Grab mit Heimaterde von dem Bauernhof in Eikamp, auf dem Fritz aufgewachsen ist, bedeckt. Und dann haben die vier älteren Schwestern das Grab des kleinen Bruders mit Rosen geschmückt.

Der letzte Weg von Fritz Roth markiert den Beginn von zwei neuen Wegen. Eine Stunde nach der Trauerfeier am Grab wurden unsere Kinder Fritz und Luca getauft. Wir haben ein großes Fest gefeiert. Das hätte unserem Vater gefallen.

Gefallen hätte ihm auch unser Umgang mit Trauer. ‚Trauer ist der beste Lehrmeister für zivilen Ungehorsam', hat Fritz immer gesagt und die Leute ermuntert ‚sich ihre Toten nicht stehlen zu lassen.' Seine Asche war über Monate bei uns. Wir haben ihn am Wochenende beerdigt. Wir haben an diesem Tag Freude und Leid geteilt.

Wir haben dadurch aus unserem Abschied große Kraft schöpfen können, ‚Trauerpower' hat unser Vater Fritz Roth das in seiner wunderbar optimistischen, dem Leben zugewandten Art, genannt. Dafür sind wir dankbar."

Hanna Roth

Den Tod zurück ins Leben holen

Die Geschichte, die Hanna Roth erzählt, spricht von Trauer über den früh verstorbenen Vater. Gleichzeitig aber auch von Lebensfreude, von dem Mut und der bewussten Entscheidung, sich die Freude am Leben nicht nehmen zu lassen. Besucht man das Bestattungshaus in der Nähe von Köln, spürt man etwas von dieser Einstellung. Die Maximen, die Fritz Roth gelehrt und gelebt hat, leben in seinem Beerdigungsinstitut weiter. Und die ein oder andere Maxime kann auch zu einem Leitkegel auf dem eigenen Trauerweg werden.

Der Tod ist vielleicht die beste Erfindung des Lebens, er mistet das Alte aus, um Platz für das Neue zu schaffen.

Das Leben ist ein Geschenk.
Trauer braucht Gemeinschaft.
Trauer braucht Zeit.
Trauer ist Liebe.
Freude und Leid, es existiert immer alles gleichzeitig.
Trauer ist der beste Lehrmeister für zivilen Ungehorsam.
Lasst euch eure Toten nicht stehlen.
Trauerpower.
Den Tod zurück ins Leben holen.

In einem Interview mit dem Kölner Stadt-Anzeiger antwortet der an Krebs erkrankte Fritz Roth auf die Fragen einer Journalistin:

> *„Meine Zeit liegt in Gottes Hand. In diesem Sinne ist der Tod für mich der größte Lebenslehrmeister – weil er mir Mut macht, heute, in meiner Zeit, meine Talente einzusetzen.*

Ob ich das morgen kann, weiß ich nicht .... Die Grenze des Todes müssen wir nicht als Einengung erfahren, sie gibt im Gegenteil dem Leben als begrenzter Ressource eine größere Wertigkeit ... Als ich mit der Diagnose aus dem Zimmer des Arztes gekommen bin, ja, da haben wir erst mal im Auto geweint. Aber Tränen reinigen. Sie sind Reinigungsmittel unserer Herzensfenster. Und wenn ich mit diesen Augen dann in die Welt schaue, höre ich wieder den Vogel, der für mich singt, und sehe das schöne Grün und kann sagen: So, jetzt haben wir geweint, und jetzt packen wir es wieder an. [...]
Ich möchte als Toter noch einmal nach Hause kommen. Ich möchte, dass mein Sarg von Freunden mit Symbolen gestaltet wird, die sie mit mir verbinden, ich esse gerne und trinke gerne und möchte solche Dinge mit in den Sarg bekommen. Ich möchte, dass auf der Trauerfeier Leute etwas sagen, die mir im Leben viel bedeutet haben. Das muss nicht perfekt sein, es soll nur zu spüren sein, dass das, was mich beseelt hat, auf vielfältige Weise noch da ist. Und ich möchte, dass danach gefeiert wird – dass aus der Trauerfeier eine Lebensfeier wird.“[15]

Weiterhin am Leben teilhaben

Christine M. begleitet der Bibelspruch, den eine Freundin ihr nach dem Tod ihres Mannes gab, bis heute. „*Der Prophet Jesaja sagt die Wahrheit, wenn er sagt: ‚Es wird nicht dunkel bleiben über denen, die in Angst sind‘ (Luther Bibel Jes 9,1).*

Es ist nicht dunkel geblieben! Zunächst war da nur die Zuversicht auf ein bisschen Helligkeit irgendwann. Später sah ich tatsächlich irgendwo am Horizont ein helles Pünktchen. Dieses Pünktchen vergrößerte sich zu einem Licht und flackerte immer einmal wieder kurz auf. Inzwischen ist das Licht nähergekommen und auch schon oft zu sehen. Die Scherben meines Lebens habe ich, so gut es ging, neu zusammengesetzt und habe gelernt, meinen Weg ohne meinen geliebten Mann weiter zu gehen. Aber immer wieder kommen dunkle Momente, in denen die Trauer Überhand gewinnt und mich niederdrückt. Diese Trauertäler gehören dazu und ich halte sie aus, denn ich weiß: ‚Es wird nicht dunkel bleiben über denen, die in Angst sind.'"

In der Bibel heißt es: „Wer mit sich selbst schlecht umgeht, zu wem wird er gut sein? Einen schönen Tag lass nicht vorbeigehen und den Anteil an dem, was du Gutes begehrst, lass nicht vorübergehen!" (Sir 14,5.14). Es scheint etwas Wahres dran zu sein an dieser Behauptung, unser Alltag zeigt es. Und sie gilt auch für Trauernde, selbst wenn es in der ersten Zeit der Trauer unmöglich scheint, sich selbst etwas Gutes zu tun und sich die Freuden nicht entgehen zu lassen. Wenn kleinere oder größere Freuden helfen, den Trauerweg durchzustehen und wieder am Leben teilzuhaben, wer könnte und dürfte es einem Trauernden verübeln, sich wieder einmal zu freuen?

Freude und Leid, es existiert immer alles gleichzeitig, sagt Fritz Roth, und ermutigt, mit neuen Augen zu schauen, weil „unsere Augen, die Herzensfenster, durch unsere Tränen gereinigt sind und neu in die Welt schauen können".

Kapitel 8

Sie haben das Recht auf Auszeiten.
Im Trauerprozess ist es wichtig und gut,
sich selbst etwas zu gönnen.

Auf jedem langen Weg, den wir zurücklegen müssen, brauchen wir Pausen, um uns auszuruhen und aufzutanken. Der Weg aus dem Stillstand, aus der Schockstarre hin zu einem wieder selbstbestimmten und gelingenden Leben ist weit und schwer. Er führt durch tiefe dunkle Täler, durch trockene Wüsten, über steinige Pfade, hohe Berge hinauf und wieder herunter, an schroffen Steilhängen entlang, über endlos sich hinziehende Wege, unterbrochen von tosenden Wasserläufen, die durchquert werden müssen, durch kalte, trostlose Nächte und glühend heiße, einsame Tage. Und immer wieder drohen die Kräfte uns zu verlassen. Darum brauchen wir immer wieder Pausen. So, wie wir die Unterstützung anderer benötigen, brauchen wir auch Atempausen und Ruhezeiten. Wir brauchen kleine „Pausen vom Trauern", Trauer-Pausen, weil Trauern Schwerstarbeit ist. Trauer-Pausen sind kurze oder längere Aus-Zeiten, in denen wir uns selbst etwas Gutes tun, um aufzutanken und neue Kraft zu schöpfen.

Eine Auszeit kann eine mehrmonatige Unterbrechung der Berufstätigkeit oder eine Reduzierung des Stellenumfangs sein. Wo dies notwendig und möglich ist, sollte es unbedingt in Anspruch genommen werden.

Auch ein Wochenende oder ein kurzer Urlaub kann eine hilfreiche Auszeit sein. Im Internet finden sich Angebote von Wochenenden oder Urlaubswochen für Trauernde. Begleitet von Trauerbegleitern und in der Gemeinschaft anderer Trauernder können Kopf und Herz wieder Luft schnappen durch Gespräche und Meditationen, kreative Betätigung, Spaziergänge und Bewegung an der frischen Luft und Zeit für sich selbst.

Die Auszeit will eine „R-Auszeit" sein, ein Rauskommen für einen Moment aus der uns überall umgebenden Trauer. Sie kann, wie beschrieben, ein Wochenende oder eine Urlaubswoche dauern. Sie kann aber auch ein Moment, eine Stunde am Tag oder in der Woche sein, in der wir uns, „vor der Trauer geschützt", an einen Ort zurückziehen, an dem wir uns wohl und geborgen fühlen.

Gutsein zu sich selbst

„Eine Auszeit nach dem Tod eines geliebten Menschen kann sehr wichtig sein. Sogleich wieder arbeiten zu gehen kann sich verzögernd auf den Trauerprozess auswirken. Ich bin z. B. alle 14 Tage in die Sauna gegangen. Ich brauchte diese Oase, eine Quelle, aus der ich schöpfen konnte. Nach einem Saunabesuch fühlte ich mich jedes Mal von außen und innen neu geboren. Auf jeden Fall ist es wichtig, etwas zu tun, das einem Freude macht.

Es ist wichtig, Zeit zum Trauern zu haben, dabei aber auch etwas zu tun, was einem guttut. Das kann ein Urlaub sein, den man sich gönnt, ein Restaurantbesuch mit einem guten Essen, der Kauf eines neuen Kleidungstücks. Das alles hilft, wieder Lebenskraft und Lebensfreude zu entwickeln." So beschreibt Angelika ihre Erfahrung nach dem Tod ihres vierjährigen Sohnes und zehn Jahre später dem Tod ihres Mannes.

Es geht darum, das zu entdecken und zu tun, was mir guttut. Das ist in der ersten Zeit der tiefen Trauer oft nicht einfach. Viele Trauernde wissen zunächst nicht, was ihnen persönlich guttut, sie denken viel schneller daran, was dem oder der Verstorbenen gutgetan hätte. Sie haben keine inneren Kapazitäten frei, um daran zu denken und das zu tun, was ihnen helfen würde. Dennoch – Trauernde brauchen so sehr Worte, Gesten, Erlebnisse und Dinge, die ihr Belohnungszentrum ansprechen und ihnen guttun. Denn sie müssen durch ihren Verlust auf so vieles verzichten, sie müssen so Entscheidendes in ihrem Leben entbehren. Darum ist es hilfreich, sich trösten zu lassen und auch sich selbst zu trösten mit all dem, was die Dunkelheit ein wenig aufhellen kann.

Eva erzählt: „*Ich habe mir in den ersten Monaten nach Martins Tod viel öfter Filme angeschaut als üblich, insbesondere nachdenkliche Filme. Es tat mir gut, in ein anderes Leben hineinzuschlüpfen und zu sehen, dass auch andere Menschen schwere Schicksale haben. Und ich habe mich so sehr gefreut, wenn mir jemand Blumen geschenkt oder mich bemuttert hat.*"

Es ist hilfreich, wenn ich mir abends eine Liste erstelle mit dem, was ich am nächsten Tag an Schönem, Erfreulichen tun möchte. Ich kann mich mit dem Kauf einer schönen Illustrierten oder eines spannenden Buches dafür belohnen, dass ich den heutigen Tag überstanden habe, ich kann mich mit einem entspannenden Bad oder einer besonders guten Creme verwöhnen, mir ein neues Kleidungsstück kaufen, meine Wohnung mit frischen Blumen schmücken. Ich kann mich morgens ganz bewusst schön zurechtmachen, auch wenn ich das Gefühl habe, dass es sinnlos ist, auf mein Äußeres Wert zu legen, weil der, für den ich schön sein möchte, nicht mehr da ist. Dennoch – ich mache mich zurecht für mich selbst, weil ich lebe und weil ich es wert bin! Und weil es mir sehr viel leichter fällt, mich selbst anzunehmen, wenn ich mir beim Blick in den Spiegel gefalle. Und langsam beginne ich wiederzuentdecken, was mir vor dem Tod meines geliebten Menschen Freude gemacht hat.

Ideen für die Trauer-Pausen

Auch wenn ich mich am liebsten in meiner Wohnung verkriechen möchte, kann und sollte ich mir zweierlei vornehmen:

In meiner freien Zeit plane ich ein, regelmäßig nach draußen zu gehen und eine winzig kleine Auszeit in der Natur zu nehmen. Ich empfinde bewusst die wohltuende Wirkung der frischen Luft, der Sonne und der unterschiedlichen Grüntöne der Natur für meinen Körper, meine Seele und meinen Geist. Auch das Verweilen an einem See oder einem fließenden Gewässer wirkt beruhigend und entspannend. Für einen Moment atme ich auf, indem ich tief ein- und ausatme, und tanke neue Energie, die ich so dringend benötige.

Ich spüre die Leichtigkeit der Natur und nehme sie in mich auf. Durch Spaziergänge, kleinere oder größere Wanderungen oder sportliche Betätigung komme ich Schritt für Schritt wieder in Bewegung – zunächst mein Körper, der sich wie erstarrt anfühlte, dann meine Gedanken, die kleine Auswege aus dem Kreisen um meinen Verlust entdecken, und die Seele, die wieder Luft schnappen kann. Und langsam lerne ich, Schönes wieder zu genießen.

In meiner Wohnung richte ich mir einen besonderen Ort ein, einen Ort der Trauer-Pausen, einen geschützten Raum, an dem ich immer wieder für kurze Zeit Pause von meiner Trauer mache. Diesen Platz schmücke ich mit Blumen und einer Kerze, mit meinen Lieblingsgegenständen und -büchern und lege meine Lieblingsmusik griffbereit in die Nähe. Hierhin ziehe ich mich einmal am Tag für kurze Zeit zurück und beschäftige mich mit Dingen, die mir vor dem Verlust Freude gemacht haben. Ich vertiefe mich in ein Buch, eine Zeitschrift oder einen Film, gestalte etwas Kreatives, höre oder mache Musik, tue einfach das, was mir Freude macht oder immer gemacht hat – auch wenn mir der Sinn gar nicht danach steht, etwas zu tun, das Freude macht. Für diese eine oder eine halbe Stunde am Tag darf meine Trauer ein wenig zurücktreten. Denn ich brauche es, hier und jetzt aufzuatmen, neue Energie zu schöpfen, kleine Lichtblicke am dunklen Horizont zu sehen und Farbschimmer im alles überschattenden Schwarz. Und ich spüre, dass ich lebe. Und nach und nach erfahre ich, dass mein Leben weitergeht. Dass es für mich Auswege aus dem Stillstand gibt. Dass mein Leben weiterhin sinn-voll und lebens-wert ist. Dass es gut ist zu leben.

Als weitere „Maßnahme“ sollte ich bewusst meine Wochenenden und die Urlaubszeit als kurze Auszeiten planen.

Denn oft machen gerade die Wochenenden Angst, weil mich eine leere Wohnung und unendlich erscheinende freie Zeit erwarten und Angehörige und Freunde mit ihren eigenen Familien beschäftigt sind. Vielleicht kann ich mich aufraffen, einen interessanten Film im Kino anzusehen, ein Museum zu besuchen, mich in ein Café zu setzen oder einen Ausflug ins Grüne zu unternehmen – allein oder mit jemand anderem, der Lust hat, mich zu begleiten. In der Regel ist es gut, nicht ungeplant in die Wochenenden und die Urlaubszeit zu gehen. Es sei denn, ich plane ganz bewusst einen Tag oder ein Wochenende nicht und lasse mich von dem überraschen, was kommt. Auch das kann Aus-Zeit sein.

Auch das bewusste Pflegen meiner Hobbys wirkt wie eine kleine Auszeit. Wenn ich mich intensiv kreativ, spielerisch, musikalisch oder sportlich beschäftige, richten sich meine Gedanken auf das, was ich immer mit Freude gemacht habe, und sind für kurze Zeit abgelenkt von meiner Trauer.

Es kann auch sein, dass ich plötzlich Interesse an etwas entwickele, zu dem ich vorher nie gekommen bin, und dass ich so eine neue Seite in mir entdecke. Diesem neuen Interesse oder dieser neuen Aktivität sollte ich unbedingt nachgehen, es wird mir helfen, mein Leben ohne die geliebte Person weiterzuleben.

Kapitel 9

Sie haben das Recht, den Verstorbenen oder
die Verstorbene in Erinnerung zu behalten,
Ihre Bindung an ihn oder sie aufrecht zu erhalten und
ihm oder ihr einen neuen Platz in Ihrem Leben zu geben.

Nachbarn oder Freunde, die es nicht ertragen können, einen anderen lange trauern zu sehen, raten manchmal, den Verstorbenen loszulassen und wieder am Leben teilzunehmen. Was aber will das heißen? Können wir jemanden einfach loslassen, mit dem wir lange Zeit unseres Lebens verbracht haben und der uns viel bedeutet hat? Können wir diese Person einfach aus unserem Leben streichen, nur, weil sie nicht mehr sichtbar unter uns weilt?

Nicht loslassen, sondern ins eigene Innere kommen lassen

Es geht nicht darum, die verstorbene Person loszulassen. Vielmehr geht es darum, ihr einen anderen, einen neuen Platz in unserem Leben zu geben. Sie lebt von nun an nicht mehr in unserer Mitte, aber sie kann in unserem Inneren weiterleben. Wir können ihr einen Platz in uns geben, indem wir uns bewusstmachen, was sie in uns hinterlassen hat, und dass das, was wir mit ihr erlebt haben, in uns weiterlebt. Mit dem Verlust der Ehefrau, des Partners, eines Kindes oder Elternteils ist ja nicht alles verloren, was sie oder er uns gegeben hat. Denn all die Liebe, die Zärtlichkeit, die gemeinsam verbrachte Zeit, das Lächeln, die kostbaren Worte, die wir gewechselt haben, tragen wir tief in unserem Herzen. Jeder Mensch, der einen wichtigen Platz in unserem Leben hat, prägt uns und trägt dazu bei, dass wir derjenige oder diejenige sind, die wir sind. Die Persönlichkeit, die ich heute bin, bin ich auch durch den geliebten Verstorbenen. Das bedeutet, dass nicht verloren ist, was er mir gegeben hat. Ich trage es in meinem Inneren, in meinem Denken, Fühlen und Verhalten. Mein geliebter verstorbener Mensch lebt in mir weiter.

Das erlebt der Mediziner Friedhelm, Antonias Schwager, mit seinem verstorbenen Bruder Josef: *„In den ersten Monaten nach Josefs Tod litt ich unter einem starken Verlustgefühl. Irgendwann änderte sich dieses Empfinden. Einige Monate nach dem schrecklichen Ereignis bin ich in die Ferienwohnung meines Bruders auf Fuerteventura geflogen. Am Strand sah ich plötzlich ein starkes rotes Licht, das mich energetisch sehr stark berührt und mir große Kraft gegeben hat. Ich wusste sofort: Das ist Josef.*

Man kann physisch die Nähe von Verstorbenen spüren, wenn man offen dafür ist. Bei meiner verstorbenen Mutter spüre ich diese Nähe auch. Josefs Nähe empfinde ich sehr stark, auch körperlich. Ich kann die Erinnerung an seine Berührung immer wieder hervorholen, so dass ich sie körperlich spüre. Das hängt wohl mit dem Körpergedächtnis zusammen.

Bis heute habe ich jeden Tag Kontakt zu Josef. Bei allen Dingen des täglichen Lebens denke ich an ihn, frage ihn um Rat, er gibt mir immer Rückkopplung. Es ist ein total warmes Verhältnis, er ist für mich immer noch ein ethisch-moralischer Lenker, das ist sehr schön und hilfreich, und das wird bis zu meinem eigenen Abschiednehmen so bleiben."

Norbert sagt einige Jahre nach dem Tod seiner Frau: „*Die Vorstellung, dass meine Frau in einer für Menschen nicht begreifbaren Art und Weise immer noch lebt beziehungsweise weiterlebt und Anteil hat an meinem neuen Leben, hat mir geholfen und hilft mir immer noch.*"

Die Worte zweier berühmter evangelischer Theologen des 20. Jahrhunderts sind zu Wegbegleitern vieler Menschen geworden. Der Pfarrer und Publizist Jörg Zink (1922-2016) schreibt: „Die Trauer hat heilende Kraft, indem sie unsere Lieben, nachdem sie gegangen sind, in uns hineinwachsen lässt. Sie werden ein Teil von uns, geben uns ihre Liebe und Kraft und am Ende sind sie unsichtbar in uns bewahrt."[16]

Dietrich Bonhoeffer (1906-1945) wurde 1943 wegen „Wehrkraftzersetzung" verhaftet und vier Wochen vor Kriegsende hingerichtet. Aus dem Militärgefängnis Berlin-Tegel schreibt er Heiligabend 1943 an seinen Freund Eberhard Bethge: „Es gibt nichts, was uns die Abwesenheit eines lieben Menschen ersetzen kann und man soll das auch gar nicht versuchen; man muss es einfach aushalten und durchhalten; das klingt zunächst sehr hart, aber es ist doch zugleich ein großer Trost; denn indem die Lücke wirklich unausgefüllt bleibt, bleibt man durch sie miteinander verbunden. Es ist verkehrt, wenn man sagt, Gott füllt die Lücke aus; er füllt sie gar nicht aus, sondern er hält sie vielmehr gerade unausgefüllt, und hilft uns dadurch, unsere echte Gemeinschaft – wenn auch unter Schmerzen – zu bewahren.

Ferner: Je schöner und voller die Erinnerungen, desto schwerer die Trennung. Aber die Dankbarkeit verwandelt die Qual der Erinnerung in eine stille Freude. Man trägt das vergangene Schöne nicht wie einen Stachel, sondern wie ein kostbares Geschenk in sich."[17]

Besonders dieser letzte Satz will, auf Kondolenzkarten verschenkt, zahllosen Trauernden Trost und Mut zusprechen.

Eine andere Aussage in diesem Brief des gläubigen Theologen Bonhoeffer ist bedeutungsvoll. Er schreibt, dass nichts die Abwesenheit eines geliebten Menschen ersetzen kann. Diese Lücke kann und will auch Gott nicht ausfüllen. Nur das Aushalten und Offenhalten dieser Lücke der Abwesenheit hilft, die Gemeinschaft mit dem, den man so schmerzlich vermisst, zu bewahren. Bonhoeffer schreibt vom Vermissen seiner Familie und seiner Verlobten, beiden wird er nicht mehr in Freiheit begegnen. Aber wie Bonhoeffer „das vergangene Schöne nicht wie einen Stachel, sondern wie ein kostbares Geschenk in sich" trägt, so können auch wir die geliebte verstorbene Person wie ein kostbares Geschenk in uns tragen. Das gelingt allerdings nicht von selbst, nicht ohne Suche und Anstrengung. Es ist vielmehr etwas, das sich langsam entwickelt auf dem Weg der Trauer. Viele Trauernde spüren zunächst nur die Leere, die der Verstorbene oder die Verstorbene hinterlässt – die äußere Leere in der Wohnung, im Alltag, im eigenen Leben, und die innere Leere. Allein die Liebe zu dem oder der Verstorbenen und die Sehnsucht nach ihm oder ihr lenken die Suche nach innen, ins eigene Innere.

Die Erinnerung pflegen

Die Erinnerung an den Verstorbenen oder die Verstorbene lässt ihn oder sie in unserem Inneren weiterleben. „Im Erinnerungsraum unserer Seele gibt es eigentlich keine Vergangenheit. Wenn wir diesen Raum aufsuchen, dann erleben wir den Verstorbenen jetzt. Wir erleben ihn als lebendiges Wesen von damals – aber eben im Augenblick! Das ist die ungeheuer tröstliche Erfahrung des Erinnerns: Was ich mit dir erlebt habe, erlebe ich jetzt noch einmal, und es ist mir ganz gegenwärtig. In der Erinnerung leben wir die Beziehung zu dem geliebten Menschen. Wir wiederholen sie und vertiefen dabei unsere Liebe zu ihm. In der Erinnerung kommt uns der Verstorbene ganz nah: wir sehen ihn, wir reden mit ihm, wir berühren ihn. Dies kann mir niemand nehmen. Auch nicht der Tod.“[18]

Ein jüdisches Gebet pflegt die Erinnerung an die Toten in der Natur wie im Alltag:

„Beim Aufgang der Sonne und bei ihrem Untergang erinnern wir uns an sie.
Beim Wehen des Windes und in der Kälte des Winters, erinnern wir uns an sie.
Beim Öffnen der Knospen und in der Wärme des Sommers, erinnern wir uns an sie.
Beim Rauschen der Blätter und in der Schönheit des Herbstes, erinnern wir uns an sie.
Zu Beginn des Jahres und wenn es zu Ende geht, erinnern wir uns an sie.
Wenn wir müde sind und Kraft brauchen, erinnern wir uns an sie.

Wenn wir verloren sind und krank in unserem Herzen, erinnern wir uns an sie.
Wenn wir Freuden erleben, die wir so gerne teilen würden, erinnern wir uns an sie.
So lange wir leben werden sie auch leben, denn sie sind nun ein Teil von uns, wenn wir uns an sie erinnern."[19]

Erinnerungsrituale helfen uns, den Kontakt zu der verstorbenen Person zu behalten und auf neue Weise zu leben. Solche Rituale sind z. B. der regelmäßige Gang zum Friedhof, das Anfertigen und immer wieder Hervorholen einer Erinnerungs-Box mit Fotos und Lieblingsgegenständen des geliebten Menschen, das Anzünden einer Kerze für ihn.

Der psychologische Psychotherapeut, Theologe und Trauerbegleiter Roland Kachler, der seinen sechzehnjährigen Sohn durch einen Verkehrsunfall verloren hat, schlägt ein Fünf-Finger-Erinnerungsritual vor, das hilft, im Alltag immer wieder einen kurzen Moment „mit dem Verstorbenen zu verbringen":

Fünf-Finger-Erinnerungsritual

Ich lege Daumen und Zeigefinger der rechten Hand (bei Linkshändern der linken Hand) zusammen und lasse eine Erinnerung aus der Anfangszeit des Zusammenseins mit meinem geliebten Verstorbenen in mir sehr plastisch lebendig werden. Ich verbinde diese Erinnerung mit der Berührung von Daumen und Zeigefinger. Beim Zusammenlegen von Daumen und Mittelfinger denke ich an eine gemeinsame Unternehmung, beim Zusammenlegen von Daumen und

Ringfinger an einen Moment besonderer Nähe, bei der Berührung von Daumen und kleinem Finger an eine heitere, frohe Situation. Jedes Mal verbinde ich die Berührung der entsprechenden Finger mit der Erinnerung. Mit Hilfe dieses kleinen Rituals verbinde ich mich mitten im Alltag, bei der Arbeit oder unterwegs durch eine Erinnerung mit dem Verstorbenen.[20]

Die bleibende Nähe

Viele Menschen, die eine geliebte Person verloren haben, erleben diese als bleibendes Gegenüber, Gesprächspartner:in, Ratgeber oder Helferin.

Véronique Elling hat nach der Ermordung ihres 16jährigen Sohnes Victor Lieder für ihn und über ihn geschrieben. Sie lebt eine sehr lebendige, innige Verbindung mit ihm und erhält immer wieder Zeichen seiner Nähe. Sie glaubt, dass wir lernen können, kleine Zeichen der Anwesenheit unseres Verstorbenen in unserem Alltag zu entdecken, wenn wir uns dafür öffnen.

> *„In meinem Lied ‚Fais-moi signe‘ („Gib ein Zeichen“) bitte ich meinen Sohn Victor darum, mir kleine Zeichen zu geben. Wenn man sich für solche Zeichen öffnet, stellen sie sich ein. Viele Trauernde erzählen mir z. B. von Schmetterlingen, die zu ihnen gekommen sind, das habe ich auch schon erlebt. Schmetterlinge sind ein starkes, wunderbares Symbol für die Transformation, die im Tod passiert. Der Schmetterling zeigt, dass wir die Hülle verlassen und trotzdem weiter bestehen können.“*

Fais-moi signe - Gib ein Zeichen

Gib ein Zeichen, sprich zu mir!
Deine Stimme fehlt mir hier.
Weißt Du nicht, wie kalt es ist, ohne Dich?
Gib ein Zeichen:
Ein Flüstern, ein Kitzeln,
Eine sanfte Brise im Haar,
Einen warmen Sonnenstrahl,
Die Farbenpracht der Rosen,
Den Gesang einer Lerche am Morgen,
Einen Duft von fernen Wäldern.
Lass Sternschnuppen auf uns regnen!
Gib ein Zeichen:
Ein Klavier, eine Melodie,
Das Klagen einer Geige,
Träume, geheime Botschaften,
Geschrieben in den Wolken,
Einen Augenblick der Stille,
Das Ballett der Blätter im Herbst.
Lass Sterne für uns singen!
Gib ein Zeichen!
...

Véronique Elling

Antonia weiß ihren verstorbenen Mann in ihrer Nähe. *„Ich rede täglich mit meinem Mann, bitte ihn um Rat. Bedanke mich bei ihm, wenn mir ein guter Einfall kommt. Ich weiß, dass er mir zuhört und mir beisteht."*

Hilde macht die gleiche Erfahrung. *„Ich rede laut mit Edi, als ob er auf dem Sofa säße. Ich sage z. B. immer ‚Gute Nacht, Edi'. Auch auf dem Friedhof rede ich mit ihm, manchmal auch laut. Ich weiß, dass Edi mich hört."*

Christel spürt das Antworten ihres verstorbenen Mannes: *„In den ersten Jahren habe ich öfters gesagt: ‚Clemens, bleib bei mir'. Und ich habe deutlich gespürt oder gehört, dass mein verstorbener Mann antwortete: ‚Du aber auch bei mir'."*

Die Toten bleiben in unserem Inneren, in unserem Seelenraum lebendig. Ebenso sollen sie in der Familie lebendig bleiben.

Angelika weiß durch den Tod ihres kleinen Sohnes und ihres Mannes: *„Gerade in diesen so schwierigen Lebenssituationen habe ich Gott in meinem Leben tief erfahren. Durch unseren Glauben sind wir nicht am Tod unseres Sohnes verzweifelt, haben versucht, mit ihm in anderer Verbindung weiterzuleben, haben vielen anderen betroffenen Eltern geholfen und mutig unseren Töchtern Ruth und Judith das Leben geschenkt – Zeichen tiefer Hoffnung.*
Und dann, zehn Jahre später, die Krankheit und der Tod meines Mannes – kaum zu ertragen! Wieder half und hilft mir meine tiefe Verbindung zu Gott und mein Glaube an Auferstehung, mit meinem Mann in Verbindung zu bleiben und bis heute zu leben, dass die Liebe stärker ist als der Tod. Ich bin fest davon überzeugt, dass ich die Kraft dafür nicht aus mir selbst schöpfe, sondern sie eine Gnade und ein Geschenk ist. Aus dieser Quelle ziehe ich die tägliche Energie für meine Aufgaben als Mutter von vier Töchtern und als Lehrerin an einer christlichen Schule."

Ihre Tochter Ruth geht mit ihrem neugeborenen Kind zum Grab ihres Vaters, wo auch David ruht, um ihm sein erstes Enkelkind vorzustellen.

Die Kolumbariumskirche in Siegen ist ein Ort der Totenruhe und gleichzeitig ein Raum für Gottesdienste. Hier können Interessierte für sich selbst oder für verstorbene Angehörige eine Urnenstätte auswählen. Es sind sehr besondere Motive, die bei der Auswahl eine Rolle spielen. Berührend war die Auswahl eines hochbetagten Ehepaares (88 und 98 Jahre): „Bitte eine der kleinen Kammern, vor denen eine Bank steht, damit du dich bei mir anlehnen kannst“, sagt er. „Oder du bei mir“, antwortet sie. Kurze Zeit später infizieren sich beide mit dem Corona-Virus und sterben im Abstand von zwei Tagen. Bei der Beerdigung sagt die dort tätige Gemeindereferentin und Trauerbegleiterin Irmtrud von Plettenberg zu den Enkeln: „Jetzt könnt ihr euch bei Oma und Opa anlehnen“. Welch eine ungekünstelte, fast heiter wirkende Vorstellung vom Tod, der so selbstverständlich zum Leben dazugehört!

Ein lettischer Priester erzählt mir von einem Brauch in Lettland, den er humorvoll „Dead-Man-Festival“ nennt. Alljährlich im Sommer treffen sich die Angehörigen an den Gräbern der Verstorbenen, bringen Essen und Getränke mit, die sie rund um das Grab sitzend verzehren, erzählen, lachen und freuen sich der Gemeinschaft mit den Toten und den anderen Friedhofsbesuchern. Diese Tradition gibt es auch in anderen Ländern, sie zeugt davon, dass die Toten weiter zur Familie gehören und nicht vergessen sind. Ihre Gräber sind der Platz, an dem ihre Angehörigen ihre Verbindung mit ihnen pflegen.

Es gibt zahlreiche Möglichkeiten, die Erinnerung an den geliebten Menschen lebendig zu erhalten. Wir richten in unserer Wohnung eine Gedenkecke mit Fotos und Gegenständen des geliebten Menschen ein. Wir suchen regelmäßig den Ort seiner letzten Ruhe auf und reden dort mit ihm. Wir schreiben ihm Briefe und legen sie aufs Grab oder in die Gedenkecke der Wohnung. Wir setzen uns immer einmal wieder auf unsere frühere Lieblingsbank, gehen in das Café oder Restaurant, in dem wir so oft gemeinsam gesessen haben. Wir laden alljährlich zu seinem Geburtstag Familienangehörige oder Freunde zu einem festlichen Essen ein und feiern auf diese Weise mit dem Verstorbenen. Wir versammeln uns am Sterbetag an seinem Grab, tauschen Erinnerungen aus und weinen und lachen gemeinsam.

Wie auch immer unsere Art, mit unseren Verstorbenen zu leben aussieht, es ist unsere individuelle Art, zu der wir alles Recht haben.

Kapitel 10

Sie haben das Recht zu vertrauen,
dass der Verstorbene nicht ins Leere gefallen ist,
sondern in Gottes Ewigkeit geborgen ist.

In nahezu allen Kulturen gibt es die wie auch immer geartete Überzeugung, dass die Verstorbenen in einer jenseitigen Welt weiterleben. Christen glauben an ein Weiterleben bei Gott in der Gemeinschaft mit denen, die vor ihnen gestorben sind und die nach ihnen sterben werden.

> Anni richtet nach dem plötzlichen Tod ihrer Schwester Agnes eine Familien-WhatsApp-Gruppe als Gedenkort für Agnes ein.
> Agnes' Tochter Anne schreibt einige Tage nach dem Tod ihrer Mutter in diese WhatsApp-Gruppe: „*Viele Freunde von mir haben mich unabhängig voneinander gefragt: ‚Wo war denn Gott, als das passierte?' Ich weiß es, er war genau da, wo Mama und ich auch waren. Ich war nicht allein, da bin ich mir ganz sicher, genau da war die Brücke, der Übergang, wie auch immer. Mama war sofort entschieden, bei ihm zu sein. Ich bin ganz traurig, aber ich durfte dabei sein, als Mama zu Gott ging.*"

Zum ersten Jahrestag des Todes schreibt Anni: „*Liebe Agnes, heute vor einem Jahr wurdest du in deinem eigenen Haus, wo du immer gern gelebt hast, von Gott ‚abgeholt', um ein neues Leben in der Ewigkeit zu beginnen. Du warst bereit, sofort mit IHM zu gehen und dich auf die Unendlichkeit bei IHM einzulassen. Ich bin noch auf dem Weg, dich ganz und für immer dafür freizugeben, obwohl ich dir von Herzen wünsche, dass du die Heimat bei IHM und mit allen deinen Lieben vereint, gefunden hast. Lebe wohl, deine Schwester Anni.*"

Der Karmeliterpater, Theologe und Autor Reinhard Körner (* 1951) hat intensiv darüber meditiert und gebetet, welche Bedeutung das Nachdenken über ein ewiges Leben hat und welche vorsichtigen Vorstellungen wir uns über dieses Leben bei Gott machen können. Für das vorliegende Buch hat er seine Gedanken aus seinem Buch „Warum ich an das ewige Leben glaube" und seinen Artikel für eine Magdeburger Tageszeitung „Warum Christen an das ‚ewige Leben' glauben" zur Verfügung gestellt. Es geht dem Theologen nicht darum zu beschreiben, wie ein ewiges Leben bei Gott aussieht und wie denn Hölle und Fegefeuer funktionieren, von denen die Kirche spricht. Niemand ist nach seinem Tod zurückgekommen und hat davon erzählt. Wir wissen es definitiv nicht. Aber – so Reinhard Körner – wir können lesen und zu verstehen versuchen, was in der Bibel geschrieben steht. Und wir können uns tastend eine Vorstellung davon machen, wie es sein könnte, bei unserem Sterben von Gott mit offenen Armen empfangen zu werden. Denn wenn wir an den Gott der Liebe glauben, von dem Jesus erzählt hat, dürfen wir darauf vertrauen, dass dieser Gott uns uneingeschränkt und vorbehaltlos liebt. „Ich bin definitiv geliebt, und was immer mir geschieht – ich werde von dieser Liebe erwartet“, schreibt Benedikt XVI.[21]

Reinhard Körner schreibt:
Wir werden sterben. Wir alle. Wenn aber unsere Natur sich einem liebenden Gott verdankt, dann darf ich einem solchen Gott zutrauen, dass er uns nach dem Ende des sterblichen Lebens ein neues, nicht mehr an die sterbliche Natur gebundenes Leben geben wird. Dass ich in der neuen Seinsweise, die wir „Himmel“ nennen, derselbe Reinhard sein werde, der ich jetzt bin, das garantiert Gottes Liebe. Wenn es ihm um mich geht, wirklich um mich, dann werde ich in seiner Ewigkeit leben, ich in meiner personalen Identität.

Gott ist ein Gott, der uns Menschen für immer will

Mit „Gott“ meinen wir nicht ein Wesen, das wie wir aus Atomen und Molekülen besteht, auch nicht ein Wesen aus unsichtbarer Energie. Gott besteht aus nichts, woraus das Universum besteht – was im Übrigen auch der Grund dafür ist, dass sich Gott nicht mit den Mitteln der Naturwissenschaft beweisen und nachweisen lässt. Mit „Gott“ bezeichnen wir eine Wirklichkeit, die anders ist als alles, was die Natur des Universums ausmacht. Und diese andere, größere Wirklichkeit lässt sich mit der Vernunft erschließen. Man kommt darauf, wenn man sich fragt: Warum gibt es eigentlich die Welt? Warum eigentlich ist das Universum da? Warum gibt es uns Menschen eigentlich? – Man kann dann innerlich wie in ein stilles, tiefes Staunen kommen, und man beginnt zu ahnen: Da muss doch mehr sein hinter allem, eine größere Wirklichkeit, der sich unsere gesamte Daseinswelt, das Menschenleben eingeschlossen, überhaupt verdankt … Mancher Mensch findet zu dieser Erkenntnis auch dadurch, dass er sich von dieser größeren Wirklichkeit im Herzen „berührt" fühlt, ohne dass er weiß, wie ihm das geschieht.

Kurz gesagt: Wir bauen darauf, dass es einen Gott gibt, der uns Menschen – *jeden* Menschen – *für immer* will. Dass er also, wenn wir gestorben sind, nicht sagt: So, das war's dann mit dir – nun wieder ab ins Nichts! Im Gegenteil, er wird, so glauben wir, zu uns sagen: Reinhard, Paul, Frieda …, du sollst für immer leben, und ihr sollt euch einander für immer haben!

Wenn Gott ein solcher Gott ist, dann hat er auch die Fähigkeit dazu, das zu verwirklichen. Wenn er die Welt ins Dasein gesetzt hat, dann kann er auch uns, nachdem wir gestorben sind, neu ins Dasein setzen. Nicht in das bisherige, natürliche Dasein, sondern nun in *seine* Daseinsart. Wir werden dann „im Himmel sein", heißt nicht, wir werden auf irgendeinem Stern leben, sondern wir werden in der Daseinsweise leben, in der Gott lebt. Wir werden nicht mehr aus Atomen und Molekülen bestehen, und doch ganz der Reinhard, der Paul und die Frieda sein – ganz „die Seele", die wir sind, mit allen unseren Erinnerungen, mit unserer gesamten Biographie im Herzen …

Wir glauben an ein „Danach"

Das ist der Grund, warum wir Christen an ein „Danach" glauben, an ein „ewiges Leben" miteinander bei Gott. Wie dieses Leben dann sein wird? – Das wissen wir nicht. Wir können uns nicht einmal eine Vorstellung von der göttlichen, „himmlischen" Daseinsart machen. Wir können aber davon ausgehen, dass es eine großartige, wunderbare und ganz erfüllende Art zu leben sein wird. Denn bei einem Gott, der uns liebt und auch unsere Liebe zueinander will, ist weniger nicht zu erwarten.

Wie das menschlich Unvorstellbare, das „Verwandelt"-Werden in die „himmlische" Seinsweise hinein, geschehen wird, das kann ich dann seelenruhig dem überlassen, an den ich glaube und dem ich vertraue. Wie sollte es ihm, dem „Schöpfer aller Dinge", nicht möglich sein zu sagen: „Seht, ich schaffe alles neu" (Offb 21,5)! Er, der in der einen Hand das hält und trägt, was er als Natur ins Dasein gesetzt hat, wird mich im Moment des Todes in die andere Hand nehmen, mit der er das Über-Natürliche, „Himmlische" erschafft, hält und trägt. Warum also weitere Fragen? Warum will auch ich mir dennoch gern ausmalen, was sich niemand ausmalen kann?

Weil ich in die richtige Richtung glauben möchte. Ich möchte mir und anderen Klarheit darüber verschaffen, was im Sinne Jesu gemeint ist, wenn von Worten wie Gericht, Fegefeuer, Himmel und Hölle die Rede ist.

Gott wird geraderichten

Wenn das Neue Testament vom „Gericht“ Gottes spricht, meint es nicht etwas Schreckenerregendes, sondern etwas höchst Erfreuliches: Es gibt einen, wenigstens einen, vor dem die Wahrheit zählt! Wenigstens einen, vor dem die Wahrheit nicht verborgen bleiben und nicht parteiisch verbogen werden wird! Einen, der das himmelschreiende Unrecht, das Menschen einander antun, weder kalt und teilnahmslos verurteilen, noch mit „Liebe“ zudecken, sondern schonungslos-liebend aufdecken wird; der zu Schulderkenntnis und Reue führt, bevor er vergibt! Einen, vor dessen Angesicht ich mich auch vor der Wahrheit meines eigenen Lebens nicht fürchten muss … – Eine wirklich höchst erfreuliche Aussicht inmitten einer Welt voller Lüge und Ungerechtigkeit, voller abgrundtiefer Bosheit und Verbohrtheit, voller Unwahrheit, die uns oft so hilflos macht!

„Gericht“ bedeutet in der Bibel, dass uns am Beginn dieses neuen Lebens vor den liebenden Augen Gottes aufgehen wird, was wir einander angetan haben und was uns von anderen angetan wurde. Endlich wird dann alles Unrecht, alle Lieblosigkeit und alle Ungerechtigkeit aufgedeckt sein! Aber Gott wird dann nicht als Strafrichter vor uns stehen. Er wird geraderichten, was wir angerichtet haben und was an uns angerichtet wurde. Er wird jeden von uns – jeden, und jeden als Opfer und als Täter – so aufrichten und herrichten, dass wir uns miteinander versöhnen und einander wertschätzen können. Dann werden wir so in liebender Beziehung miteinander leben können, wie wir es jetzt nicht einmal zu erträumen und zu ersehnen imstande sind. Gott wird uns für den Himmel herrichten … Jedenfalls wenn wir es wollen.

Gegen unseren Willen könnte er uns freilich, so sehr er es auch will, das neue Leben nicht geben, denn es ist nur lebbar mit eigener Zustimmung zur Wahrhaftigkeit, zur Versöhnung und zur Liebe.

„… wie durch Feuer hindurch"

Und nicht einen einzigen Menschen wird Gott mit dem bestrafen, was wir das Fegefeuer nennen. Die Vorstellung, Gott lasse die Seele vor ihrer Aufnahme in den Himmel an einem jenseitigen Ort eine Zeitlang die Strafe für begangene Sünden erleiden, hat ein unchristliches Gottesbild zur Voraussetzung. Was da wie Feuer brennen wird, ist Gottes Liebe!

Die Theologen in den ersten Jahrhunderten nach Christus dachten mit ihrer Lehre vom Fegefeuer weder an einen jenseitigen Ort noch an eine Zeitspanne und schon gar nicht an eine Bestrafung durch Gott. Mit dem lateinischen Wort *purgatorium* – zu Deutsch: Reinigung (ein Reinigungsgeschehen, nicht ein Reinigungsort!) – meinten sie ein Geschehen zwischen Gott und dem Menschen im Moment des Gerichts. Fegefeuer, das ist eine Beziehungserfahrung: eine Erfahrung, wie sie auch zwei Menschen jetzt, im „Leben vor dem Tod", in ihrer Beziehung zueinander machen können.

Der Priester Werner Kallen hat in Verse gebracht, was uns alle, so glaube ich, im Moment des „Gerichts" als „Fegefeuer" erwartet:

Gerichtliches Nachspiel

Wenn Gott dereinst mich nach dem Leben fragt,
werde ich weinen.
Er wird sein Angesicht mir zuwenden.
Kein scheidendes Wort wird über mich herfallen.
Keine Rechnung.
Kein strafender Blick.
Kein Vorwurf.
Er wird mich ansehen in bergendem Schweigen.
Seine Liebe wird brennen.
Und alle meine Wunden werden verglühen.
Die erlittenen.
Die zugefügten.

„Ich bin es gewesen, Herr.
All das bin 'ich' gewesen",
werde ich stottern mit zittriger Stimme,
beschämt und frei.
Ich werde abermals weinen.

Und Gott wird meine Tränen trocknen,
er wird sagen „Komm!"
und mich hineinbitten in sein Herz,
wo ich immer schon war
– und glaubte es nicht.[22]

Es wäre die Hölle für Gott!

Keine Rechnung. Kein strafender Blick. Kein Vorwurf. Und keine Verdammnis! Die Hölle, das ist der „Zustand der endgültigen Selbstausschließung aus der Gemeinschaft mit Gott und den Seligen", heißt es in einem zusammenfassenden Leitsatz im Katechismus der Katholischen Kirche.[23]

*Selbst*ausschließung, ja, das wäre zumindest nicht ganz undenkbar. Aber Verdammnis, also von Gott – dem Gott, der nur lieben kann! – zu ewiger Marterqual verurteilt werden, das ist nun völlig in die falsche Richtung gedacht.

Ja, die Möglichkeit der Hölle ist real – in dem Sinne, dass es, wie Papst Benedikt schreibt, „Menschen geben (kann), die in sich den Willen zur Wahrheit und die Bereitschaft zur Liebe völlig zerstört haben. Menschen, in denen alles Lüge geworden ist; Menschen, die dem Hass gelebt und die Liebe in sich zertreten haben. Dies ist ein furchtbarer Gedanke, aber manche Gestalten gerade unserer Geschichte lassen in erschreckender Weise solche Profile erkennen. Nichts mehr wäre zu heilen an solchen Menschen, die Zerstörung des Guten unwiderruflich: Das ist es, was mit dem Wort Hölle bezeichnet wird."[24]

Himmel

Augustinus konnte noch, als er über die „himmlische Gottesstadt" nachdachte, formulieren: „Wir werden uns an Gott und aneinander freuen!" Ich – und zwar wirklich ich – werde dann „schauen", wie wunderbar und herrlich und schön der Gott ist, auf den ich jetzt mein Leben baue. Unausdenkbar schön. Aber auch darin bin ich mir sicher: Gott wird mich „anschauen“, mir zugewandt mit einer Liebe, wie ich mir das im schönsten Traum nicht vorstellen könnte.

Und dann, ja: Dann werde ich weinen. Weinen, wie ich noch nie geweint habe. Nicht deshalb, weil Gott mir vorhalten würde, lückenlos, was ich „Böses getan und Gutes unterlassen habe“, sondern weil er es mir *nicht* vorhalten wird! Weil er mich einfach nur anschauen wird, einfach nur sagen wird: „Du, Reinhard ...“ In diesem Blick, in dieser Anrede wird alles gefragt und gesagt sein. Von ihm. Und von mir. Alles.

Im gleichen Moment werde ich meine Lieben und meine Nicht-Lieben „durch und durch erkennen, so wie auch ich durch und durch erkannt worden bin“(vgl. 1Kor 13,12). Und wir werden abermals weinen, weinen, wie wir voreinander und miteinander noch nie geweint haben. Dann wird Gott selbst uns die Tränen vom Angesicht wischen, den Schleier aus unseren Augen, und wir werden erkennen, wie sehr er unsere Liebe zueinander liebt.

Und der Himmel wird beginnen ...

Ewig leben – ab jetzt

Er hat schon begonnen. Wenn der Tod nicht das Ende ist, dann leben wir ab jetzt schon ewig, und was wir als Ziel unserer Lebensfahrt vor Augen haben, prägt jetzt schon die „Stimmung an Bord“. Alles, was wir jetzt tun und wofür wir uns jetzt engagieren, ist für immer! Nichts ist umsonst getan, was wir liebend tun; und was wir jetzt nicht-liebend tun, wird einmal geradegerichtet sein.

Auch unsere Liebe zueinander hat Zukunft für immer, ihre Ewigkeit hat schon begonnen. Jede Freundschaft, jede Liebe – alles, aber auch alles steht unter dem Stern der Ewigkeit.

Und die uns im Sterben vorausgegangen sind, bleiben uns nahe; sie sind uns nahe schon im Jetzt, so wie Gott uns nahe ist.

Jesus sagt mir, indem er mich anschaut mit leuchtenden Augen: ‚Reinhard, schau hin: Das Leben hat dich, genau dich gewollt! Und *das Leben* – das ist mehr als Biologie und Zufall und Naturgesetz. Die große Kraft, durch die alles da ist, was da ist – das ist ein Jemand! Einer mit Vernunft und Wille. Und Liebe, schier unglaublicher Liebe! Nenn ihn, wie ich, einfach *Abba* – lieber Vater –, oder denk dir den schönsten Namen für ihn aus, den du in deinem Herzen findest. Und trau dich zu denken: Ich bin sein geliebter Sohn, seine geliebte Tochter, ihm unheimlich viel wert! Das trau dich auch dann noch, wenn du weder dir noch sonst jemandem noch gut sein kannst.

Diesem Großen, den alle Gott nennen, dem bist du wichtig! Und dem sind alle wichtig, die dir wichtig sind Über den Tod hinaus! Deine verstorbenen Freunde, die religiösen wie die religionslosen: Leb mit ihnen, sie sind dir verborgen nahe, so nahe, wie ich dir verborgen nahe bin; teile ihr Fegefeuerweinen und teile ihre Himmelsfreude, und beginne jetzt schon mit ihnen deinen Himmel! Trau diesem Gott, und leb als der, der du bist! Intensiv, nicht ängstlich und mit angezogener Bremse. Trau deinem Gott, dass er im biologischen Tod, in deinem Tod und im Tod derer, die du liebst, nicht enden lassen wird, was er so verheißungsvoll mit euch begonnen hat ...‘

Reinhard Körner

Ulrike ist sicher, dass ihre an Krebs verstorbene Tochter Nina jetzt in der Gemeinschaft mit Gott und ihren Lieben weiterlebt. *„Ein Trost für mich ist die Gewissheit, dass es Nina jetzt gut geht. Befreit von ihren Schmerzen und zusammen mit ihrem Cousin Jens, der 2012 im Alter von 32 Jahren bei einem Verkehrsunfall ums Leben kam, macht sie den ‚Himmel' unsicher. Sie ist bereits da, wo wir noch alle hingelangen müssen. Sie ist geborgen in Gottes Hand."*

Susanne begleitet ihren sterbenden Mann und sich selbst mit einem gesungenen Gebet: *„Das Lied ‚Von guten Mächten wunderbar geborgen' war so etwas wie unsere Hymne. Eine Hymne gegen den Schrecken und das Grauen eines erbarmungslosen Schicksals. Geschrieben von einem Christen, der genau so ein Schicksal erlitten hat. Wenn auch auf andere Art und Weise. Aber das spielt keine Rolle. Es ist dieser Glaube wider alle Vernunft. Und ich glaube fest, dass Gott uns gerade diesen Glauben besonders hoch anrechnen wird. Hoch anrechnen wird, weil er weiß, was er uns kostet. Denn wir zahlen mit unserem Herzblut, mit unserem Leben, mit allem, was uns wert ist. Und damit machen wir uns unauflöslich zu seinen Kindern. Nichts kann uns trennen von seiner Liebe. Er ist in uns und wir sind in ihm – für immer. Und so hat uns Dietrich Bonhoeffer mit seinen tröstlichen Versen begleitet bis ans Sterbebett und als es soweit war, wusste ich, dass mein Mann, mein Kamerad und Freund, nach Hause geht."*

Der evangelische Theologe Karl Barth (1886-1968) wurde einmal gefragt: „Und werde ich dann bei Gott auch alle meine Lieben wiedersehen?" Seine Antwort: „Ja, Sie werden Ihre Lieben wiedersehen, und auch alle Ihre Nichtlieben."[25]

Ich selbst und alle, die mir lieb sind – und alle anderen auch, wie Karl Barth überzeugt ist – wir werden uns im ewigen Leben wiedersehen und aneinander und an Gott freuen. Die, die wir so schmerzlich vermissen, weil sie nicht mehr bei uns sind, leben schon in dieser neuen Wirklichkeit bei Gott, genau da, wo wir auch einmal leben werden. Darauf vertrauen wir als Christen – auch wenn wir es nicht beweisen können. Aber beweisen brauchen wir es vielleicht auch nicht. Vielleicht kann uns unser Glaube genügen.

Und an diesem Glauben können wir uns festhalten, wenn uns wieder das Dunkel, der Schmerz überrollt und wir das Gefühl haben, dass alles stillsteht.

„Wir Menschen gehen auf unserem Lebensweg, so glauben wir Christen, nicht einem Ende entgegen, sondern einem großen Ziel, an dem Gott und alle, die uns bereits zu ihm vorausgegangen sind, auf uns warten mit ausgebreiteten Armen."[26]

Heilsame Worte, Gedanken und Gebete

Wenn unsere Stimme vor Trauer verstummt, unser Vertrauen in Gott und die Menschheit erschüttert ist, kann es hilfreich sein, uns Worte anderer auszuleihen. Solche Worte können wie ein wärmender Mantel wirken oder wie ein Stück Schwarzbrot, das uns nährt und auf dem wir herumkauen können. In der Bibel gibt es eine Fülle uralter Weisheiten, Trostworte und Gebete. Und durch die Jahrhunderte haben Männer und Frauen Gedanken hinterlassen, die in ihrer Kraft auch heute noch guttun.

Auch wenn unser Glaube an Gott ins Wanken geraten oder verlorengegangen ist oder noch nie da war, können wir versuchen, uns ein Trostwort oder ein Gebet auszuleihen und es langsam, Wort für Wort, nachzusprechen.

Tröstende Worte

„Wenn etwas uns fortgenommen wird, womit wir tief und wunderbar zusammenhängen, so ist viel von uns selber mit fortgenommen. Gott aber will, dass wir uns wiederfinden, reicher um alles Verlorene und vermehrt um jenen unendlichen Schmerz." (Rainer Maria Rilke zugeschrieben)

„Möge der Wind dich liebkosen, wenn du traurig bist. Möge der Regen die Tränen von deinem Gesicht waschen, die du in verzweifelten Stunden weinst. Möge die Sonne dich umschmeicheln, wenn es dir schlecht geht. Mögest du wahre Freunde haben, wenn dein Schmerz dir wie ein wildes Tier das Herz zerreißt und die Verzweiflung alle Grenzen sprengt."

(Irischer Segenswunsch)

„Ich glaube, dass wenn der Tod unsere Augen schließt, wir in einem Lichte stehen, von welchem unser Sonnenlicht nur der Schatten ist." (Arthur Schopenhauer)

„Sie ist nicht mehr da, wo sie war, aber sie ist ab jetzt überall da, wo ich bin."

(Aurelius Augustinus über seine verstorbene Mutter)

„Die Toten sind nicht tot, sie sind nur nicht mehr sichtbar. Sie schauen mit ihren Augen voller Licht in unsere Augen voller Trauer." (Aurelius Augustinus zugeschrieben)

„Ich bin nicht tot, ich tausche nur die Räume, ich leb' in euch und geh' durch eure Träume." (Michelangelo Buonarroti)

„Unsere Toten gehören zu den Unsichtbaren, aber nicht zu den Abwesenden." (Johannes XXIII)

„Durch den Tod wird die Familie nicht zerstört, sie verändert sich, ein Teil von ihr geht ins Unsichtbare. Man denkt, dass der Tod eine Abwesenheit ist, während er doch eine diskrete, verschwiegene Präsenz ist. Man denkt, dass er eine unendliche Entfernung schafft, während er doch jede Entfernung eliminiert, indem er in den Geist verlegt, was vorher im Fleisch war.

Derjenige, der, wie es scheint, seinen Lebensweg abrupt beendet hat, hat als Schriftsteller seines Lebens nur eine Seite umgeblättert.

Je mehr von unseren Lieben uns verlassen haben, desto mehr Bindungen zum Himmel haben wir. Der Himmel ist nicht länger nur von Engeln, bekannten und unbekannten Heiligen und dem geheimnisvollen Gott bewohnt. Er wird vertraut, er ist das Haus der Familie, die oberste Etage, wenn man das so sagen darf. Und von oben nach unten werden die Erinnerungen, die Unterstützung, die Bitten beantwortet."

(Antonin Sertillanges)[27]

Vom Tod

Dann sprach Almitra: Wir möchten nun nach dem Tod fragen.

Und er sagte:

Ihr möchtet das Geheimnis des Todes kennenlernen.

Aber wie werdet ihr es finden, wenn ihr es nicht im Herzen des Lebens sucht?

Die Eule, deren Nachtaugen am Tag blind sind, kann das Mysterium des Lichts nicht entschleiern.

Wenn ihr wirklich den Geist des Todes schauen wollt, öffnet eure Herzen weit dem Körper des Lebens.

Denn Leben und Tod sind eins, so wie der Fluss und das Meer eins sind.

In der Tiefe eurer Hoffnungen und Wünsche liegt euer stilles Wissen um das Jenseits.

Und wie Samen, der unter dem Schnee träumt, träumt euer Herz vom Frühling.

Traut den Träumen, denn in ihnen ist das Tor zur Ewigkeit verborgen.

Eure Angst vor dem Tod ist nichts als das Zittern des Hirten, wenn er vor dem König steht, der ihm zur Ehre die Hand auflegen wird.

Freut sich der Hirte unter seinem Zittern nicht, dass er das Zeichen des Königs tragen wird? Doch gewahrt er sein Zittern nicht viel mehr?

Denn was heißt sterben anderes, als nackt im Wind zu stehen und in der Sonne zu schmelzen?

Und was heißt nicht mehr zu atmen anderes, als den Atem von seinen rastlosen Gezeiten zu befreien, damit er emporsteigt und sich entfaltet und ungehindert Gott suchen kann?

Nur wenn ihr vom Fluss der Stille trinkt, werdet ihr wirklich singen.

Und wenn ihr den Gipfel des Berges erreicht habt, dann werdet ihr anfangen zu steigen.

Und wenn die Erde eure Glieder fordert, dann werdet ihr wahrhaft tanzen.

(Khalil Gibran)[28]

Worte der Bibel

Gott hat den Menschen zur Unvergänglichkeit erschaffen und ihn zum Bild seines eigenen Wesens gemacht.

(Buch der Weisheit 2,23)

Die Seelen der Gerechten aber sind in Gottes Hand und keine Folter kann sie berühren. In den Augen der Toren schienen sie gestorben, ihr Heimgang galt als Unglück, ihr Scheiden von uns als Vernichtung; sie aber sind in Frieden.

(Buch der Weisheit 3,1-3)

Die Gerechten aber leben in Ewigkeit, der Herr belohnt sie, der Höchste sorgt für sie. Darum werden sie aus der Hand des Herrn das Reich der Herrlichkeit empfangen und die Krone der Schönheit. Denn er wird sie mit seiner Rechten behüten und mit seinem Arm beschützen.

(Buch der Weisheit 5,15-16)

Gott sagt: Ich habe dein Gebet gehört und deine Tränen gesehen. Siehe, ich heile dich. (2. Buch der Könige 20,5b)

Das will ich mir zu Herzen nehmen, darauf darf ich harren: Die Huld des Herrn ist nicht erschöpft, sein Erbarmen ist nicht zu Ende. Neu ist es an jedem Morgen; groß ist deine Treue. Mein Anteil ist der Herr, sagt meine Seele, darum harre ich auf ihn. Gut ist der Herr zu dem, der auf ihn hofft, zur Seele, die ihn sucht. (Klagelieder 3,21-25)

Die Wege meines Elends hast du gezählt. In deinem Schlauch sammle meine Tränen! Steht nicht alles in deinem Buche?

Ich habe erkannt: Mir steht Gott zur Seite. Auf Gott, dessen Wort ich lobe, auf den Herrn, dessen Wort ich lobe, auf Gott setzte ich mein Vertrauen. (Psalm 56,9.10b-12a)

Keiner von uns lebt sich selber und keiner stirbt sich selber: Leben wir, so leben wir dem Herrn, sterben wir, so sterben wir dem Herrn. Ob wir leben oder ob wir sterben, wir gehören dem Herrn. Denn Christus ist gestorben und lebendig geworden, um Herr zu sein über Tote und Lebende.
(Römerbrief 14,7-9)

Wir wissen: Wenn unser irdisches Zelt abgebrochen wird, dann haben wir eine Wohnung von Gott, ein nicht von Menschenhand errichtetes ewiges Haus im Himmel.
(2 Korintherbrief 5,1)

Unsere Heimat ist im Himmel. Von dorther erwarten wir auch Jesus Christus, den Herrn, als Retter, der unseren armseligen Leib verwandeln wird in die Gestalt seines verherrlichten Leibes. (Philipper 3,20-21)

Gepriesen sei der Gott und Vater unseres Herrn Jesus Christus: Er hat uns in seinem großen Erbarmen neu gezeugt zu einer lebendigen Hoffnung durch die Auferstehung Jesu Christi von den Toten, zu einem unzerstörbaren, makellosen und unvergänglichen Erbe, das im Himmel für euch aufbewahrt ist. (1 Petrusbrief 1,3-4)

Gebete für Verstorbene und für uns selbst

Du, der du uns verlassen hast – Gott möge dich segnen,
die Fülle seiner Liebe möge dich empfangen.
Der Herr vollende an dir das Werk seiner Liebe.
Er lasse dich eintreten in sein Haus, in seine Barmherzigkeit.
Die Herrlichkeit Gottes erfülle dich.
Der neue Himmel und die neue Erde seien für dich eine unauslotbare Entdeckung.
Die Auferstehung Jesu vollende sich in dir.
Das Versprechen Gottes, uns auf ewig Glück und Frieden zu schenken, erfülle sich für dich.[29]

Gott, ein geliebter Mensch hat uns verlassen.
Für immer ist er von uns gegangen.
Lass ihn bei dir geborgen sein.
Nimm du alles Gute, alle Liebenswürdigkeit, alle Sorge um uns an.
Nimm an, was er gedacht, geredet und getan hat.
Nimm an sein Gelingen und Scheitern,
seine Freuden und Traurigkeiten.
Schenke ihm tiefen Frieden und immerwährendes Glück bei dir.
Gib uns die Kraft, ohne ihn weiterzuleben und den Glauben an dich und das Leben nicht zu verlieren.

(Sr. Theresita M. Müller SMMP)[30]

Guter Gott,
N. ist tot.
Sie (er) gehörte zu uns.
Jetzt ist sie (er) tot.
Eine Lücke bleibt.
Niemand kann sie füllen.
Fragen bleiben. Warum?
Niemand kann sie beantworten.
Leere bleibt. Trauer und Wut.

Wo bist du, Gott?
Warum konntest du nicht helfen?
Wo warst du?

Wir möchten dir vertrauen – aber es fällt so schwer.
Wir möchten an dich glauben – aber es bleibt die Leere.
Wir möchten hoffen auf deine gute Hand – doch wo ist sie?

Und doch: Du willst ein Gott des Lebens sein.
Wir möchten darauf bauen.
Lass N. bei dir geborgen sein,
aufgefangen in deiner guten Hand.
Und nimm auch uns an.
Wir brauchen dich.
Amen.

(Guido Hügen OSB)[31]

O mein Gott,
ich fühle mich so leer und kraftlos.
Nichts ist mir geblieben außer der Stille und der Abwesenheit.
Alles ist vorbei, tot, absurd.
Und in diesem tiefen schwarzen Loch möchte auch ich verschwinden für immer.
Ich kann nicht mehr, bin ohne Hoffnung, wie festgezurrt an die Einsamkeit.
Herr, wo bist du?
Wirst du mir zu Hilfe kommen?
Ich kann nicht allein bleiben,
Ich brauche deine Gegenwart,
Du, mein Gott, verlass mich nicht.

(Philippe Aviron-Violet)[32]

Ich weiß, mein Gott, dass du mich nicht am Leid vorbeiführst, aber du führst mich hindurch.
Und wenn ich im finsteren Tal wandere und deine Hand nicht finde, so fürchte ich doch kein Unglück, denn du bist bei mir.
Ich vertraue dir, liebender Gott, auch wenn ich nichts verstehe.
Ich überlasse mich dir. Tu mit mir, was du willst.
Ich vertraue mich deiner Hand an.
Einzig wünsche ich, dass dein Wille sich an mir erfüllt.

(Jörg Zink)[33]

Gönne dich dir selbst!
Wer sich selbst nichts Gutes tut,
wem kann der Gutes tun?
An der Lust des Tages, die dir zusteht,
geh nicht achtlos vorbei! (nach Sir 14,5.14)
Wenn ich das annehmen kann, guter Gott,
als dein Geschenk und deine Zusage,
dann weiß ich:
Du bist bei mir.
Du sagst zu mir:
Du mein geliebtes Kind.
Du bist gesegnet! (Guido Hügen OSB)[34]

Segen für Trauernde

Gott segne euch, die ihr um N. trauert.
Er schenke euch Kraft, die Leere auszuhalten,
die Trauer zu durchleben,
offene Fragen stehen zu lassen.
Er segne eure Liebe zueinander
Und begleite euch auf dem Weg, der vor euch liegt,
auf dem Weg in die Zukunft bis zur Freude der
Auferstehung.

(Guido Hügen OSB)[35]

Psalm-Gebete

Psalm 6

Herr, nimm mir die Angst und den Wahn,
du seiest der Urheber meiner Leiden.
Du bist kein rächender Gott,
brauchst nicht für dich unsere Erprobung durch Elend und Qual.
So flehe ich zu dir: Sei mir zugewandt,
heile mich, denn meine Glieder zerfallen.
Meine Seele ist tief verstört,
Herr, wie lange lässt du noch auf dich warten?
Wende dich mir zu und rette mich,
in deiner Güte bringe mir Hilfe.
Ich bin erschöpft vom Stöhnen in der Nacht,
die Dunkelheit verschlingt mich.
Nur von dir kommt mir Hilfe,
du bist das Licht in meiner Finsternis.
Herr, ich will glauben, dass du mich hörst
und dass mein Beten dein Herz berührt.[36]

Psalm 23

Der Herr ist mein Hirt,
nichts wird mir fehlen.
Er lässt mich lagern auf grünen Auen
und führt mich zum Ruheplatz am Wasser.
Meine Lebenskraft bringt er zurück.
Er führt mich auf Pfaden der Gerechtigkeit, getreu seinem Namen.
Auch wenn ich gehe im finsteren Tal, ich fürchte kein Unheil;
denn du bist bei mir, dein Stock und dein Stab, sie trösten mich.

Du deckst mir den Tisch vor den Augen meiner Feinde.
Du hast mein Haupt mit Öl gesalbt, übervoll ist mein Becher.
Ja, Güte und Huld werden mir folgen mein Leben lang
und heimkehren werde ich ins Haus des Herrn für lange Zeiten.[37]

Psalm 31

Gott, ich suche Zuflucht bei dir. Lass mich nicht untergehen;
rette mich in deiner Gerechtigkeit.
Was aus mir wird, das liegt in deiner Hand.
Was die Zeit auch bringen mag, auf dich will ich hoffen.
Lass mich deine Nähe erfahren,
denn ich gehöre zu dir.
Wende dich mir zu und hilf mir,
denn ich rechne fest mit deiner Treue.
Ich rufe zu dir, errette mich,
lass mich nicht am Dunkel dieser Welt zerbrechen.
Du bist mit meiner Not vertraut,
ich lege sie voll Vertrauen in deine Hände.
Groß ist deine Güte und tief dein Erbarmen!
Die hörenden Herzen vernehmen es.
Dank sei dir, mein Gott.
Du hast mir deine Güte gezeigt.
In meiner Angst dachte ich:
Ich bin aus deiner Nähe verstoßen.
Doch du hast mein lautes Flehen gehört,
als ich in meiner Not um Hilfe rief.
Liebt euren Gott, ihr, die ihr ihm gehört.
Verlässlich wirkt er auf dem Grund unseres Seins.
Alle, die sich über ihn erheben,
werden an ihrem Hochmut scheitern.

Euer Herz sei stark und unverzagt,
ihr alle, die ihr wartet auf Gott.[38]

Psalm 39

Gott, du mein Gott, ich bin stumm vor Schmerz,
meine Not hält mich gefangen, verschließt mir die Lippen.
Gott, mein Herz zerspringt durch meinen eigenen Schrei,
meinem Grübeln entbrennt ein vernichtendes Feuer,
Herr, berühre mich mit deiner heilenden Hand.
Lass meine verwundete Seele klagen vor dir.
Wie dunkle drohende Schatten sind meine Tage,
wie ein flüchtig kalter Hauch vergeht mein Leben.
Herr, worauf darf ich hoffen?
Herr, du allein weißt die Antwort,
Gott, meine Zuflucht bist du allein,
schweige nicht angesichts meiner Tränen.[39]

Nach Psalm 118

Dankt dem Herrn, denn er liebt uns,
seine Güte währt selbst über den Tod hinaus!
Als ich in Bedrängnis war, schrie ich zu Gott.
Und er hörte auf mich und half mir.
Seitdem weiß ich, dass Gott für mich da ist,
dass ich keine Angst zu haben brauche,
vor anderen Menschen oder gar dem Leben:
Gott ist da, bei ihm kann ich mich bergen.
Ja, auch als ich fiel, half er mir auf,
als man mich stieß, hat er mir geholfen.
Er ist für mich der Retter,
jetzt weiß ich es. Ich werde leben, nicht sterben!
Der Tod wird kommen – doch er hat keine Macht,

Gott wird mich ihm entreißen.
Ihm will ich danken,
denn groß ist, was er auch für mich getan hat.
Er sandte seinen Sohn in diese Welt.
Und der, der von den Bauleuten verworfen wurde,
er ist zum Eckstein der neuen Welt geworden.
Durch Gott ist dieses Wunder geschehen,
durch seine Auferstehung sind auch wir gerettet.
Darum lasst uns jubeln über diesen Tag,
lasst uns Gott preisen und ihm danken!
Lasst uns tanzen und singen,
lasst uns fröhlich sein und glücklich diese Botschaft erzählen:
Gott schenkt uns Leben über den Tod hinaus!
Denn er ist ein Gott des Lebens, nicht des Todes.
Halleluja![40] (Guido Hügen OSB – nach Psalm 118)

Wir Menschen sind für Gott unvorstellbar wichtig. So wichtig, dass er uns in unserer Einmaligkeit liebt und für immer erhalten will. Im Johannesevangelium lesen wir die Zusage Jesu: *„Euer Herz lasse sich nicht verwirren. Glaubt an Gott und glaubt an mich! Im Haus meines Vaters gibt es viele Wohnungen. Wenn es nicht so wäre, hätte ich euch dann gesagt: Ich gehe, um einen Platz für euch vorzubereiten?“* (Joh 14,1-2). Wir dürfen Jesu Wort „Im Haus meines Vaters gibt es viele Wohnungen“ so deuten, dass es für jeden, wirklich für jede und jeden, einen Platz in der Ewigkeit, in unserem Leben mit Gott gibt.

Darauf zu hoffen kann uns ermutigen, mit denen zu leben, die uns vorausgegangen sind in dieses ewige Leben bei Gott. Und es kann Vertrauen wecken in Hinblick auf unser eigenes Sterben.

Dank

Ohne die vielen Menschen, die mir von ihrer Trauererfahrung erzählt haben, wäre dieses Buch nicht entstanden. Von ganzem Herzen danke ich Agnes, Angelika, Annette, Anni und ihrer Nichte Anne, Antonia und ihrem Schwager Friedhelm, Bea, Bettina, Christel, Christine H., Christine M., Elisabeth, Margret, Eva, Eva-Maria, Hanna, Hilde, Margit, Norbert, Regina, ihrem Mann Karl und ihrem Bruder Karl-Heinz, Susanne, Ulrike und Véronique für ihre Offenheit und Bereitschaft, das, was sie an Verlusterfahrung erlebt haben, mit anderen zu teilen.

Ich danke sehr herzlich Sabine Büdenbender, Eva Fendel, Ulrike Gundlach, Christa Habscheid, Sr. Julia M. Handke SMMP, P. Guido Hügen OSB, Antonia Kaup, Regina Klinkenberg, Sr. M. Gregoria Kupper SMMP, Brigitte Müller, Maria Schreiber und Manuel Schweichler, die bereit waren, das Manuskript liebevoll-kritisch zu lesen und mir mit wertvollen Tipps weiterzuhelfen.

Ein besonderer Dank gilt auch Hanna Roth vom Beerdigungsinstitut Pütz-Roth, die ihren Text über den Tod ihres Vaters zur Verfügung gestellt hat, Hendrik Lind, dem Gründer der TrostHelden, der für dieses Buch einen Beitrag geschrieben hat, P. Reinhard Körner OCD, der mir den Text seines Buches „Warum ich an das ewige Leben glaube“ zur Verfügung gestellt hat, P. Guido Hügen OSB, der mir seine

Gebete für Verstorbene und für Trauernde gegeben hat, der Sängerin Véronique Elling, die mir ihr Lied „Fais-moi signe" geschickt hat, das sie für ihren ermordeten Sohn Victor geschrieben und aufgenommen hat und meinen Mitschwestern Sr. M. Claudia Maulhardt und Sr. M. Henrika Trottenberg für die Fülle ihrer mir zur Verfügung gestellten einschlägigen Literatur.

Ich danke auch dem Verlagsleiter Ralf Markmeier, der mich eingeladen hat, ein Buch zu der „Charta für Trauernde" zu schreiben.

Mein tiefer Respekt gilt allen, die einen geliebten Menschen verloren haben und trotzdem – durch alles Dunkel hindurch – das Leben bejahen und mutig weitergehen auf ihrem Weg.

Sr. Theresita M. Müller SMMP

Endnoten

1 Ida Lamp (Hg): Trost in Zeiten der Trauer, S. 9
2 Das Angelus-Gebet ‚Der Engel des Herrn brachte Maria die Botschaft' kann in der katholischen Kirche nach alter Tradition zum Läuten der Kirchenglocken um 6 Uhr, 12 Uhr und 18 Uhr gebetet werden.
3 vgl. Ruthmarijke Smeding / Margarete Heitkönig-Wilp (Hg.), Trauer erschließen – eine Tafel der Gezeiten
4 vgl. William J. Worden: Beratung und Therapie in Trauerfällen
5 Jorge Bucay: Das Buch der Trauer. Wege aus Verlust und Schmerz, S. 139
6 Doris Wolf: Einen geliebten Menschen verlieren. Eine Begleitung durch die Trauer, S. 124
7 J. Bucay, a.a.O. S. 156
8 J. Bucay a.a.O. S. 169
9 Manuel Schweichler, Ursula Wendel: Trauer, S. 22
10 Vgl. J. Bucay, a.a.O. S. 89f
11 J. Bucay a.a.O. S. 143
12 vgl. Antje Uffmann: Trauern und leben. Begleitung durch die Landschaft der Trauer
13 Monika Müller, Trauergruppen leiten S. 17f
14 Helga Strätling Tölle in Ida Lamp S. 16
15 Kölner Stadt-Anzeiger, Region Rhein-Berg vom 03.07.2012: Silke Offergeld im Interview mit Fritz Roth: „Redet über den Tod"
16 Jörg Zink, Trauer hat heilende Kraft, ohne Seitenangabe
17 Dietrich Bonhoeffer: Widerstand und Ergebung. Briefe und Aufzeichnungen aus der Haft
18 Roland Kachler: Meine Trauer wird dich finden. Ein neuer Ansatz in der Trauerarbeit, S. 87
19 Tore des Gebets, reformiertes jüdisches Gebetbuch, Quelle: Internet
20 Vgl. R. Kachler, a.a.O. S. 104
21 Enzyklika Spe salvi 3
22 Werner Kallen: Scheu hütet mich Feuer. Gedichte und Kürzel, in: R. Körner: Warum ich an das ewige Leben glaube
23 Katechismus der Katholischen Kirche („Weltkatechismus"), München 1993, 295, Nr. 1033.
24 Spe salvi 45

25 Nach Hans Kessler, Wie Auferstehung denken? in: R. Körner: Warum ich an das ewige Leben glaube

26 R. Körner ebd.

27 Antonin Sertillanges (1863-1948), Dominikaner, Philosoph, Autor geistlicher Texte. Aus dem Französischen übersetzt von Sr. Theresita M. Müller

28 Khalil Gibran, Der Prophet, S. 59f

29 Quelle: www.noble-luable.ch der Kirchengemeinde Crans-Montana, Chemignon, Lens, Montana-Village, Saint Maurice der Laques. Aus dem Französischen übersetzt von Sr. Theresita M. Müller

30 Sr. Theresita M. Müller SMMP

31 Guido Hügen OSB: Wegzeichen. Ein Gebetbuch für den Weg, S. 119

32 Philippe Aviron-Violet in: Tu vivras. Prières pour les défunts. Aus dem Französischen übersetzt von Sr. Theresita M. Müller SMMP

33 Jörg Zink, Wie wir beten können S. 185

34 Guido Hügen OSB: Ein Himmel voller Segen, S. 47

35 Guido Hügen OSB: Ein Himmel voller Segen, S. 146

36 Übertragen von Sr. Ämiliana Schlieper: Psalmmeditationen S. 7

37 Einheitsübersetzung 2016

38 Übertragen vom Kapuzinerkloster Rapperswil: Beten mit den Psalmen S. 15

39 Übertragen von Sr. Ämiliana Schlieper: Psalmmeditationen S. 52

40 Übertragen von Guido Hügen OSB: Wegzeichen. Ein Gebetbuch für den Weg S. 118

Literaturverzeichnis

Aviron-Violet, Philippe: Tu vivras. Prières pour les défunts Bayard Éditions. In: https://croire.la-croix.com/Definitions/Priere/Prieres-pour-le-deuil/Textes-et-prieres-pour-les-defunts, abgerufen am 08.10.2019.

Benedikt XVI: Enzyklika. Spe salvi. 30.11.2007.

Bestattungshaus Pütz-Roth, Bergisch Gladbach: Trauer braucht eine Heimat, ohne Jahresangabe.

Bonhoeffer, Dietrich: Widerstand und Ergebung. Briefe und Aufzeichnungen aus der Haft. München und Hamburg. Siebenstern-Taschenbuch [5]1968.

Bucay, Jorge: Das Buch der Trauer. Wege aus Schmerz und Verlust, Berlin: S. Fischer Verlag 2015.

Canacakis, Jorgos: Ich sehe deine Tränen. Trauern, Klagen, Leben können, Stuttgart: Kreuz Verlag 1987.

Die Bibel. Einheitsübersetzung der Heiligen Schrift. Katholische Bibelanstalt, Stuttgart 2016.

Gibran, Khalil: Der Prophet, Olten und Freiburg im Breisgau: Walter Verlag [24]1989.

Heintze, Simone / Fiedler, Julia (Hg.): Ein Himmel voller Segen, Holzgerlingen: GerthMedien 2022.

Hügen, Guido / Gamp, Regula: Wegzeichen. Ein Gebetbuch für den Weg, Bundesamt Sankt Georg 2005.

Hügen, Guido: Gönne dich dir selbst!, in: Heintze, Simone / Fiedler, Julia (Hg.): Ein Himmel voller Segen, Holzgerlingen: GerthMedien 2022, S. 47.

Hügen, Guido: Segen für Trauernde, in: Heintze, Simone / Fiedler, Julia (Hg.): Ein Himmel voller Segen, Holzgerlingen: GerthMedien 2022, S. 146.

Kachler, Roland: Meine Trauer wird dich finden. Ein neuer Ansatz in der Trauerarbeit, Freiburg: Kreuz-Verlag 2005.

Kallen, Werner: Scheu hütet mich Feuer. Gedichte und Kürzel, in: Reinhard Körner, Warum ich an das ewige Leben glaube, Leipzig: St. Benno-Verlag [3]2012

Kapuzinerkloster Rapperswil: Beten mit den Psalmen, Psalmen I, neu zusammengestellt aus verschiedenen Psalmübersetzungen.

Kast, Verena: Trauern: Phasen und Chancen des psychischen Prozesses, Stuttgart: Kreuz Verlag 1982.

Katechismus der Katholischen Kirche („Weltkatechismus"), lizensiert durch den Veritas Verlag, Leipzig: St. Benno Verlag; Freiburg/Schweiz: Paulusverlag, 1993.

Körner, Reinhard: Warum ich an das ewige Leben glaube, Leipzig: St. Benno-Verlag [3]2012.

Lamp, Ida (Hg.): Trost in Zeiten der Trauer, Kevelaer: Topos plus 2018.

Langhorst, Julia / Opitz, Solveig: Gemeinsam trauern. Ein Praxisbuch für Trauergruppen, Freiburg: Kreuz Verlag 2008.

Liturgische Kommission im Bistum Osnabrück. Sterbesegen Osnabrück 2015.

Meier-Braun, Annette / Shah, Hanne: Trauer – was tun? Eine Information für Trauernde, Zentrum für Trauer- und Konfliktmanagement (ZTK) (Hg.) Köln, ohne Jahresangabe.

Müller, Monika: Trauergruppen leiten. Betroffenen Halt und Struktur geben, Göttingen: Vandenhoeck & Ruprecht 2014.

Offergeld, Silke: „Redet über den Tod", in: Kölner Stadt-Anzeiger, 03.07.2012, https://www.ksta.de/region/rhein-berg-oberberg/bergisch-gladbach/interview-mit-fritz-roth--redet-ueber-den-tod (abgerufen am 28.02.2022).

Schäfer, Klaus: Trösten – aber wie? Ein Leitfaden zur Begleitung von Trauernden und Kranken, Regensburg: Verlag Friedrich Pustet 2009.

Schlieper, Ämiliana: Du, Gott, führst mich hinaus ins Weite. Du machst meine Finsternis hell. Psalm-Meditationen. Delmenhorst 2009.

Schweichler, Manuel / Wendel, Ursula: Trauer. Für akut betroffene Menschen und deren Angehörige, Zentrum für Trauer und Konfliktmanagement (ZTK) (Hg.), Köln 2021.

Sertillanges, Antonin: Prière pour les familles en deuil „Par la mort, la famille ne se détruit pas, elle se transforme", https://site-catholique.fr/index.php?post/Priere-du-Pere-Antonin-Sertillanges (abgerufen am 18.05.2018).

Smeding, Ruthmarijke / Heitkönig-Wilp, Margarete (Hg.): Trauer erschließen. Eine Tafel der Gezeiten, Wuppertal: hospiz-Verlag 2005.

Tore des Gebets, reformiertes jüdisches Gebetbuch, Quelle: http://www.st-marien-hg.de/trauerpastorale/besinnliches/besinnliches.htm und weitere Websites.

Uffmann, Antje: Trauern und leben. Begleitung durch die Landschaft der Trauer. Stuttgart: Kreuz-Verlag 1998.

Wolf, Doris: Einen geliebten Menschen verlieren. Eine Begleitung durch die Trauer, München: PAL Verlag [20]2014.

Worden, William James: Beratung und Therapie in Trauerfällen. Ein Handbuch, Bern: hogrefe 1999.
Zink, Jörg: Trauer hat heilende Kraft. Freiburg: Kreuz Verlag 2015.
Zink, Jörg: Wie wir beten können. Freiburg: Kreuz-Verlag 2018.